«Das Leben ist ein rätselhafter Hauch, und die Folge daraus
kann nicht mehr als ein rätselhafter Hauch sein.»

(Hans Arp *Wegweiser*)

«ce n'est qu'en nageant nu / qu'on devient un nuage»

(Jean Arp *La bataille Philibert*)

W0234209

Hans Arp im Haus von Georges Ritleng, Straßburg, um 1906/07

HANS JEAN ARP

« ich bin in einer wolke geboren »/
« je suis né dans un nuage »

Gedichte / Poèmes

—

Herausgegeben
von Christian Luckscheiter
und Hansgeorg Schmidt-Bergmann
im Auftrag der Literarischen Gesellschaft
Karlsruhe

=

Jahresgabe
der Literarischen Gesellschaft/Scheffelbund
2018

MITTELDEUTSCHER VERLAG

Inhalt

Werum denn hile, Herzele?

Werum denn hile, Herzele?
Wil d'Sunn nim schint,
Wil in de schwarze Bildebaam
D'r Winter grint?

Werum denn hile, Schätzele?
Wil d'Blüm verdorrt?
Wil d'Schwälmle un d'r Allerliebscht
Jetz wandle furt?

Werum denn hile, Herzele?
's isch Summer g'sin.
Un hesch dü d'Freide kaft, bekummsch
Dü d'Lide drin.

Frühling

Ich hab es gerochen,
Ich hab es gerochen,
Es war das Leben, ich hab es gerochen.
In vollen Zügen trank ich den Duft,
Er machte mich trunken, ich taumelte,
Fiel.
Ich hab es gesehen,
Ich hab es gesehen,
Es war das Leben, ich hab es gesehen.
Wie es sich malte gelb grün auf weiß.
Ich hab es gehört,
Ich hab es gehört,
Es war das Leben, ich hab es gehört.
Stolz und lang jauchzt' er ans Licht.
Ein Jauchzen ... Siegesjauchzen ... gleich,
Der Menschen, die gesiegt haben
Ueber ihren alten Gott.

weh unser guter kaspar ist tot wer trägt nun die brennende
fahne im zopf wer dreht die kaffeemühle wer lockt das idylli-
sche reh auf dem meer verwirrte er die schiffe mit dem wört-
chen parapluie und die winde nannte er bienenvater weh weh
weh unser guter kasper ist tot heiliger bimbam kaspar ist tot
die heufische klappern in den glocken wenn man seinen vornamen ausspricht darum seufze ich weiter kaspar kaspar kaspar
warum bist du ein stern geworden oder eine kette aus wasser an
einem heissen wirbelwind oder ein euter aus schwarzem licht
oder ein durchsichtiger ziegel an der stöhnenden trommel des
felsigen wesens jetzt vertrocknen unsere scheitel und sohlen
und die feen liegen halbverkohlt auf den scheiterhaufen jetzt
donnert hinter der sonne die schwarze kegelbahn und keiner
zieht mehr die kompasse und die räder der schiebkarren auf
wer isst nun mit der ratte am einsamen tisch wer verjagt den
teufel wenn er die pferde verführen will wer erklärt uns die
monogramme in den sternen seine büste wird die kamine aller wahrhaft edlen menschen zieren doch das ist kein trost und
schnupftabak für einen totenkopf

die nachtvögel tragen brennende laternen im gebälk
    ihrer augen. sie lenken zarte gespenster und fahren auf
    zartadrigen wagen.
der schwarze wagen ist vor den berg gespannt.
die schwarze glocke ist vor den berg gespannt.
das schwarze schaukelpferd ist vor den berg gespannt.
die toten tragen sägen und stämme zur mole herbei.
aus den kröpfen der vögel stürzen die ernten auf die tennen
    aus eisen.
die engel landen in körben aus luft.
die fische ergreifen den wanderstab und rollen in sternen dem
    ausgang zu.

obwohl der mond mir wie ein spiegel gegenüberhängt
    schmerzt mich der engel im auge.

auf den tischen laufen die sämereien auf und pochst du an die
    pflanzen so springen ihre blumen hervor.

die löwen verenden vor ihren schilderhäusern mit gießkannen
    voll diamanten zwischen den krallen.

die führer tragen schürzen aus holz.

die vögel tragen schuhe aus holz.

die vögel sind voll widerhall.

unaufhörlich rollen ihnen die eier aus ihren kleinen herzen.

ihre sohlen stehen auf schreitenden flammen.

reißt die schneekette so rufen sie den herrgott an senkt sich das
    himmelsrad so treten ihre hufe auf schwarze körner.

WELTWUNDER

sendet sofort karte hier ist ein teil vom schwein alle 12 teile
  zusammengesetzt flach aufgeklebt sollen die deutliche
  seitliche form eines ausschneidebogens ergeben staunend
  billig alles kauft
nr 2 der räuber effektvoller sicherheitsapparat nützlich und
  lustig aus hartholz mit knallvorrichtung
nr 2 die zwerge werden von ihren pflöcken gebunden sie
  öffnen die taubenschläge und donnerschläge
die töchter aus elysium und radium binden
  die rheinstrudel zu sträußen
die bäuerinnen tragen ausgebrannte ausgestopfte sonnen
  in ihrem haar den bäuerinnen nur in ihren kröpfen nur
  in ihren nickhäuten nur in ihrer lieben kleinen stadt
  jerusalem wachspuppen auszusetzen erlaubt ist
nr 6 obiger ausschneidebogen gratis
nr 2 einige frauen aus meinem lager um aufzuräumen
nr 4 staunend alles staunt aus dem herbarium steigt das von
  uns zusammengestellte crocrodarium farbig color
nr 4 system gebogen alles zusammen 5 franken
nr 2 die säge sägt jedes holz für schreiner praktisch es können
  rädchen und 4 ecken damit ausgesägt werden dauerhaft
  praktisch und vorteilhaft
ARP ist da keiner versäume es erstens ist es staunend billig und
  zweitens kostet es viel obwohl der okulierte bleivogel des
  regattentages mit tausend knoten schnelligkeit in die esse
  fuhr dies beunruhige die werften nicht

achtung achtung achtung

sensation position halluzination

qualitätsdada

by steegemann hannover

ARP

ARP ist einer der fünf großen dadaistischen päpste

begründer des dadaismus

originaldada

echter spiegelgassedada nicht zu verwechseln mit den
    spiegelberger dadas

jedermann weiß es

jedes kind kennt ihn

jeder greis grüßt ihn ehrfürchtig und raunt dazu ah

da kommt der ARP

ich steegemann habe das copyright für die wolkenpumpe

jetzt wißt ihr warum der mitternachtsafter mit einem fernrohr
    im maul in unserem blut zu trommeln anfing
warum die lerchen zigarren rauchten
warum die dochte der pflanzen leuchteten
warum die schwefelberge und schwefelflöhe mit lodernden
    inschriftsbändern flammenwagen voll aschestädten
      und glimmenden zundersäulen rauchend aus dem wein
    emporstiegen
warum brennende lampen in koffern verschickt wurden
warum die greise brennende kerzen auf der zunge trugen
warum die kinder eine brennende laterne in ihrem bart trugen
warum die schlangen leise riefen o cécile wie schön ist die welt
warum wir dem schimmel im tricot pfiffen
warum das wasserzeichen in uns erzitterte
warum die hasenuhr die wiederkehr des menschenmachers
    meldete

pup pup pup machen die elektrischen gewitter und vom astrolabium springt die glasur mächtige eislandschaften hängen wie riesige silberne quasten in dem dunkelgrünen himmel minutenmispel minnavonbarnhelm bitzbarvonmannhelm vonholzhelm helmholz huch huch nach uraltem ängstlich gehütetem klostergeheimnis lernen selbst greise mühelos klavier spielen neue gigantische kraft seltsamer einfluß eines amerikabuches ein feuerstrahl geht durch ihre adern und sie sagen sich endlich was ich gesucht habe jetzt geht es neutra sind auf o die wörter auf ein do und go und die abstracta auf io nebst piblo pablopicasso es handelt sich hier um den gigantismus genannt marsyas oder die wahre schönheit das kleinste werk wiegt tausend kilo und wenn es läuft macht es m dada m dada m dada es besteht aus rohem fleisch des hermetischen cacadous kaninchen im unterseekorsett und einem gehäkelten adler es hat nur einen fehler es nährt sich von öffentlichen denkmälern

– Mon fils, répondit M. Dumont, la proie veut dire la nourriture; ces deux mots sont ce qu'on appelle synonymes, c'est-à-dire qu'ils ont une même signification. Retenez, mes enfants, les expressions que vous ne comprendrez pas; je vous en donnerai l'explication ensuite, afin de ne pas interrompre mon récit. der inhaber internationaler kunstscheine geht mit einem gemisch von rosenknochen und schnupftabak durch die laubgänge vom heck zum bug hierauf stecken alle ihre suppenlöffel in die hosentaschen läuten mit der in ihrer achselhöhle angebrachten glocke und begeben sich zum stierkampf der abend verklingt in einer stimmungsvollen stämpfelifeier.

Opus Null

1

Ich bin der große Derdiedas
das rigorose Regiment
der Ozonstengel prima Qua
der anonyme Einprozent.

Das P. P. Tit. und auch die Po
Posaune ohne Mund und Loch
das große Herkulesgeschirr
der linke Fuß vom rechten Koch.

Ich bin der lange Lebenslang
der zwölfte Sinn im Eierstock
der insgesamte Augustin
im lichten Zelluloserock.

2

Er zieht aus seinem schwarzen Sarg
um Sarg um Sarg um Sarg hervor.
Er weint mit seinem Vorderteil
und wickelt sich in Trauerflor.

Halb Zauberer halb Dirigent
taktiert er ohne Alpenstock
sein grünes Ziffernblatt am Hut
und fällt von seinem Kutscherbock.

Dabei stößt er den Ghettofisch
von der möblierten Staffelei.
Sein langer Würfelstrumpf zerreißt
zweimal entzwei dreimal entdrei.

3

Er sitzt mit sich in einem Kreis.
Der Kreis sitzt mit dem eignen Leib.
Ein Sack mit einem Kamm der steht
dient ihm als Sofa und als Weib.

Der eigne Leib der eigne Sack.
Der Vonvon und die linke Haut.
Und tick und tack und tipp und topp
der eigne Leib fällt aus der Braut.

Er schwingt als Pfund aus seinem Stein
die eigne Braut im eignen Sack.
Der eigne Leib im eignen Kreis
fällt nackt als Sofa aus dem Frack.

4

Mit seiner Dampfmaschine treibt
er Hut um Hut aus seinem Hut
und stellt sie auf in Ringelreihn
wie man es mit Soldaten tut.

Dann grüßt er sie mit seinem Hut
der dreimal grüßt mit einem du.
Das traute sie vom Kakasie
ersetzt er durch das Kakadu.

Er sieht sie nicht und grüßt sie doch
er sie mit sich und läuft um sich.
Die Hüte inbegriffen sind
und deckt den Deckel ab vom Ich.

arabische sanduhr

I

so wie der panikvogel
sich brüstet mit den brüsten
im chor vokalkabalen
aus porträtierten büsten

und wie wie sie sie laden
blitz ab der leiter frieden
entwed und od und ader
als doppeltes hienieden

rundräder um die reiche
reißein reißaus verdücken
flieht als verkappte hüte
auf euren fleischperücken

dort mäht ihr schlagerblumen
im wetter so wie alle
dort backt ihr schnee im maule
mit wasser in der falle

2

sie mieten sich die steine
die räder in den gliedern
die gliedersteine rollen
das aug in augenlidern

den augenschutt der räder
treppauf treppab mit formen
die häuer ziehn auf schnecken
spaßmauern in enormen

die körper voller räder
auf flügelschollen rollen
aus seidenen kanonen
den augenschutt der vollen

sie können nicht mehr fliegen
im eingefleischten fleische
drum keile in die wellen
der poltermännerreiche

die schwalbenhode

immer mit dem hammer
edeldene besen vereden lammer
ein muskelspiel singt zu klavier
im schneeschrank brüllt der phosphorstier

immer mit dem hammer
edeldene besen vereden lammer
der siegelschwalben schaumkoloß
steigt mit den steinen hoch zu roß

immer mit dem hammer
edeldene besen vereden lammer
der feuer- und der wasserschwanz
erstrahlen im medaillenglanz

Pupillennüsse

1

Wer erstens volle Monde
in volle Monde packt
und mit Konfettikreuzen
im Kreise gängeltakt

knüpft ohne es zu wissen
um seinen Larvenrumpf
die großen Todesschleifen
nebst dito Stiel und Stumpf.

2

Roll nicht von deiner Spule
sonst bricht dein Backsteinzopf
sonst picken dir die Winde
die Flammen aus dem Kropf

sonst fließt aus deinen Röhren
der schwarze Sternenfisch
und reißt mit seinen Krallen
die Erstgeburt vom Tisch.

3

Als Überbergundtaler
lebt er in Saus und Braus
nach vornen und nach hinten
nach links und rechs hinaus.

Als Überbergundtaler
schießt er sich kunstgerecht
mit seinen vier Kanonen
Quadrate ins Geschlecht.

4

Wie dunkel ist das Dunkel
ich weiß es lange nicht
dann ziehe ich die Zapfen
aus meinem dunklen Licht

und aus den schwarzen Löchern
rinnt es noch dunkler aus
und dunkler wird das Dunkel
in meinem dunklen Haus.

maurulam katapult i lemm i lamm
haba habs tapam
papperlapapp patam
und pappen den mannapapst
in den aquatintatext
und schneiden sparsam wie hausfrauen
das gebrauchte wasser aus ihrer badewanne
papperlapapp patam
patam patam
und schreiten durch die vier tageszeiten des tages
durch den pisseminuit
den pissematin
den pissemidi
und den pissesoir
patam patam
und hängen ihren körperlichen leib
ihr körperliches seil
ihren körperlichen ast
in der garderobe des madonnenhippodroms auf
patam patam
darum lehnen auch die patanten
ihre kongenialen librettokanten
an die mauer maurulam
darum katapulten i lemm i lamm
gegen den fix und fertigen faxenfolianten
papperlapapp patam
und pappen den mannapapst
in den aquatintatext

darum ist es halt so

weder lustig noch traurig

und hat keinen sinn

und schreien wie ein lebendiges kleid

wie ein zahnender stein

habemus papam habemus mamam

mesopotaminem masculini

bosco contra belachini

haba habs tapam

patam patam

und lehren die häresie daß der purzelbaum

aus den purzelfrüchten

den purzelblättern

den purzelzweigen

den purzelästen

dem purzelstamm

und den purzelwurzeln besteht

patam patam

maurulam katapult i lemm i lamm

haba habs tapam

ihre sprache ist ihnen im munde zerbrochen

sie haben haare in ihrer seele

sie haben haare in ihrem herrn

was sind denn das für kameraden

sind das geistig umnachtete eier

ist das vielleicht das wilde fleisch der ferne

das näher getreten ist

ich darfs nicht sagen

patam patam

ich darfs nicht sagen

patam patam
maurulam katapult i lemm i lamm
haba habs tapam

L'étoile bottée (latin d'Alsace)

Maurulam Katapult i lemm
                    i lamm
Haba habs tapam
papperlapapp patam
et colle le bonhomme pape
dans l'aquarium
et coupant comme la maîtresse de maison économe
l'eau maculée dans sa cuve
papperlapapp patam
patam patam
et marchant à travers les quatre temps du jour
à travers le pisse minuit
            le pisse matin
            le pisse midi
            et le pisse soir
patam patam
et suspendant sa chair corporelle
son âme corporelle
sa branche d'arbre corporelle
dans la garde-robe de la madone de l'hyppodrome
patam patam
aussi nous penchons-nous sur les patentes avec le chant
congénital de libretto
près du mur de maurulam
c'est pourquoi se catapulte
i lemm et i lamm
contre des «faxenfolianten» fixes et finies
papperlapapp patam

et colle le bonhomme pape dans l'aquarium

c'est pourquoi il est porté ainsi

qui est soit gai soit triste

et n'a pas de péché

et hurle comme une robe vivante

comme une pierre dentaire

Habemus papam habemus mamam

masculin de Mésopotamie

bosco contra belachini

Haba habs tapam

patam patam

enseignant l'hérésie pour que l'hérable tienne debout

aves ses fruits d'hérable ses feuilles d'hérable

son tronc d'hérable son écorce d'hérable ses racines d'hérable

patam patam

Maurulam catapult i lemm i lamm

Haba habs tapam

son langage s'est cassé dans sa bouche

Vous avez des cheveux dans votre âme

Vouz avez des cheveux dans votre Monsieur

Qu'est-ce que c'est que ses camarades

c'est l'esprit des œufs des nuits c'est peut-être dans le lointain

la chair sauvage qui se rapproche

je ne dois pas le dire

patam patam

je n'ose pas le dire

patam patam

maurulam catapult i lemm i lamm

haba habs tapam

les rois coiffent les forêts brandissent les oiseaux grisés et vont
    aux thermes sur leurs cannes de fer
les bêtes en croissance dansent sur des cothurnes en verre
les troncs d'arbres se font leurs oiseaux sur mesure
les oiseaux flagellés perdent tout leur sang dans la colonnade

les fouets claquent et des montagnes descendent les ombres
   bien coiffées des bergers
les œufs noirs et les grelots des fous tombent des arbres
les orages et les grosses caisses et les tambours saillissent des
   oreilles des ânes
les ailes frôlent les fleurs
les sources bougent dans les yeux des sangliers

weisst du schwarzt du

sie gehen ein quadrat
einen kreis
einen punkt
und drehen sich auf dem punkt
pünktlich halb um
und wieder halb um
und gehen weiter
und wollen nicht ausratten
auf der rattenmatte
auf der zwölftesten platte
und kürzen das kurze
und verlängern das lange
und verdünnen das dünne
und verdicken das dicke
und bleiben sich vis-à-vis
und ziehen sich mit schuhlöffeln eisblumen an
sie mauern wolken lebendig ein
sie rollen wasserballen auf
und fegen sie
sie picken die schindeln von den linien
und gackern dazu gack gack gack
daß es allen gewellen ist
und ohne grund unter dem unter spricht
wie wir nach der uhr

2

ist dies diesseits
ist jenes jenseits

was hier ist scheucht sich auf wenn es sich setzen will
was dort ist staffelt sich auf zu dem großen rand
zu der beiderseitig befiederten seele

ist dies diesseits
ist jenes jenseits

das vorderteil geht vorne hinaus
das hinterteil geht hinten hinaus
und die mitte bleibt stehen
doch bevor die mitte sich vorstellt
leert sich das wasser
und füllt sich die flasche
die hand hält das maul zu
denn was gesprochen ist bekommt blut und sagt du
aus den hemden hängen die erzschenkel
und berühren die armeen
den fruchtbaren jahren stehen die haare zu berg
aber das wasser bleibt leer

3

eins ums andere
unten geht das fremde fleisch
mit trockenem auge
und atmet
und hat in jeder falte einen bauch
langsam kann es seinen namen sagen
wort um wort
zeile um zeile
weil es ein ebenes ist
und hinter sich herrollt
und zu sich paßt
und sich versteht
und sich immer kennt
bis auf ein falsches brett
dreimal klopft es gegen seinen finger
herein herein herein
dann steht der atemumriß
mit den quecksilberlippen
auf seiner zunge
die unter ihm wegrollt
mit viereckigen rädern
die sich drehen
wenn die speichen stillstehen
und stillstehen
wenn die speichen sich drehen
jahr um jahr sind jahre ohne jahre
tag um tag sind tage ohne tage
so gehen auch die schaftstiefel

artikuliert durch den lebendigen fleischschlauch
schritt um schritt
ungehemmt mit ihren jahresringen
in gutsitzenden enganliegenden käfigen
jahr um jahr sind jahre ohne jahre

4

die zwittrigen leiber sind
oben viereckig
in der mitte dünn
an der seite flach
innen hohl
außen glatt
haben ein drehbares bein wie ein klavierstuhl
und ein genital aus stukkatur

sie unterscheiden gut ihren vater von ihrer mutter
ersterer liegt geringelt in einer klangfigur
letztere ist weiblich

die drittrigen leiber sind
oben groß und rissig wie ein erdteil
unten klein und fleischig wie ein überzwerg
sie tragen rauchende schwielenhemden
sie blasen auf ihrer eselsposaune wie waldhanswurstkadetten
    ia ia ia

sie blasen wie ein vokativ geblankverster gondelmehlsack
nach den spielregeln geregelt
für alle fälle einmal
für todesfälle zweimal
vom modenrot bis zum abendbrot

5

nach dem ersten glockenschlag
der zweiten glocke
sperrt die saat zahllose hungrige mäulchen weit auf
kündigt die lieder
und stellt die sprache dafür an
aber mit einem leib und einem leib
fällt das licht von sich ab
und heizt die strahlen einen winter lang
die globetracht klappert mit ihrem künstlichen gebiß
die sterne springen von ihren stielen
nach dem dritten schuß
der vierten kanone
schließen sich die lippen
und in rauchtalaren
und geschminkten wellen
kommen die wieder die sich nicht wegschicken lassen
und rufen viktoria
sie spannen sich zwischen haaren und federn eine haut
und mästen sich an armen und beinen einen leib
als wäre alles fleisch
über den großen reifen gespannt
und grüßen guten abend geschweige denn gute nacht
mit einem quaderledrig geblähten blätterfundament
um den kugelrund gegockelten tonsurenmast
und springen vorwärts

mit den fassaden nach vorne
wie das vorderteil
mit dem kinderteil
über die wolkenhürde

6

er nimmt zwei vögel ab
er nimmt zwei vögel zu

er paust grimassen auf die Luft
und unter das wasser

er lebt tête-à-tête
pied-à-pied
handgemein
fußvornehm
und leib an leib
mit seinem leib

sieht er drei eier
so ruft er
ei ei
und zählt doch richtig
ein bei bei zwei
zwei bei bei drei

er hebt an der urgroßvaterstadt
das rechte bein hoch
er hebt an der urgroßmutterstadt
das linke bein hoch

er nimmt zwei vögel ab
er nimmt zwei vögel zu

er heißt mit vornamen zwölf
und mit familiennamen zwölf
das macht in summa vierundzwanzig
er hat eine vorderseite
und eine hinterseite
das macht in summa sechsundzwanzig
er hat einen rechten männerarm
und einen linken frauenarm
das macht in summa achtundzwanzig

er huldigt der mode der doppelgängerei
mit fahnen aus haaren
und segeln aus federn

er ist vorne so lang wie hinten

er nimmt zwei vögel ab
er nimmt zwei vögel zu

gott ist den zylinderhüten angeboren
aus den ohren der sterne fallen atheistische rosen
was fällt denn sonst noch aus der kruste der jahre

ich trage an meinem goldast einen ehering
ein ehering besteht aus einem kranz aus luft und einem punkt
    aus licht
unter den öffentlichen körpern trage nur ich einen ehering
meine untere kopflänge schläft ein
mein feuer ist gekocht

auf dem höchsten zweige des turmes leben die mundlosen
    kisten
die ohrenlosen fässer
die augenlosen säcke
die fünfsinnigen tüten
nein nein sie fliegen nimmermehr davon
der weg bleibt ihnen unter den füßen stehen
sie werden von vorne gezogen
von hinten gestoßen
von oben gehalten
von unten getragen
wie die gebrüder es war einmal und vor vielen vielen jahren
von meiner möblierten decke fällt ein felsen petri
an einer gut möblierten decke hängen flügge sterne
    karbolaquarien und felsen petri
die augen meiner schlummerrolle sind für immer geschlossen
meine schraubstöcke sind voller eier

und stößelt abermals und nochmals

und für und für

und einmal zweimal dreimal bis tausend

und fängt von vorne wieder an

und stößelt das große einmaleins und das kleine einmaleins

und stößelt und stößelt und stößelt

seite 222 seite 223 seite 224 und so fort bis seite 229

überschlägt seite 300 und fährt mit seite 301 fort bis seite 400

und stößelt das einmal vorwärts zweimal rückwärts dreimal

    aufwärts und viermal abwärts

und stößelt die zwölf monate

und die vier jahreszeiten

und die sieben wochentage

und die sieben töne der tonleiter

und die sechsfüßigen jamben

und die geraden hausnummern

und stößelt

und stößelt das ganze zusammen

und es stimmt

und gibt eins

das mundgerät nimmt nicht notiz von dem verplapp
vermummte muhmenwörter stehen ihm spalier
es bändigt ein
es bändigt zwölf
es händigt zwei
es händigt vier
mit den großen daumen
und den kleinen zehen

mit herabgelassenen rolläden
wie der brei um die heißen katzen
streicht es seine linie so so
streicht es seinen strich la la

es wendigt aus
es wendigt in
mit einem rechten auge links
und einem linken auge rechts
und steht der knochenkokotte nur in den pausen
zur verfügung

so gibt ein wort das andere
schiebt das riegelfleisch zurück
schnallt den bimssteinorden ab
grüßt mit seinem frohnhut das stelldichein
und trägt den tod im ranzen fort

es bändigt ein
es bändigt zwölf
es händigt zwei
es händigt vier
mit sordiniertem stimmband
und stündlich einer stunde ellenbein und schienenbogen an
   der schnur

ist die munduhr abgelaufen
so rollt der lebende ballast heraus
kommandiert rührt euch
und löscht den lichterast

die sphinxe strecken vorsichtig ihre nasen aus der rinde
denn der herr faden bringt das seil
und der herr seil bringt den faden
um den sack voller bannbullenfalter zuzubinden

immer schneller wachsen die knochen in den steinen
im fundament eitern die küsse
die augen sind nicht mehr an den schuhen befestigt
die vasen seufzen wie diamanten

näht man einen gackernden strauß an diesen frohen festtag
so wird ein kopf daraus
der sich sofort im spiegel besieht
und sich fragt bin ichs oder bin ichs nicht
das gleiche fragen sich auch die gefalteten handschuhe
wenn ihre komfortablen zungen folgendes gebet sprechen
gehe nach oben und stoße nach unten
gehe nach unten und stoße nach oben
gehe nach vorne und stoße nach hinten
gehe nach hinten und stoße nach vorne
gehe nach rechts und stoße nach links
gehe nach links und stoße nach rechts
darum nimmt man am besten die hüte von den masten und
    übrigen kreuzen
die innerlichen schlipse von den hälsen
und die zölibateier von den triumphbögen
und legt sie wieder auf den schöpfungstisch zurück

—
45

setzt die lorbeerbedeckten viertelstündchen auf ihre
  eintagsstühle
ordnet die eintagsstühle und den schöpfungstisch streng in der
  form einer interimsbrezel an
quittiert dann schleunigst seine schuhe
und überläßt das übrige dem finalaal mit dem gratis sich
  anschließenden flurschaden

Strassburgkonfiguration

1

ich bin in der natur geboren. ich bin in straßburg geboren. ich
bin in einer wolke geboren. ich bin in einer pumpe geboren.
ich bin in einem rock geboren.
ich habe vier naturen. ich habe zwei dinge. ich habe fünf sinne,
sinn ist ein unding. natur ist unsinn. platz da für die natur da.
die natur ist ein weißer adler. platz dada für die natur dada.
ich modelliere mir ein buch mit fünf knöpfen, die
kunsthauerei ist der schwarze blödsinn.
dada ist in zürich geboren, zieht man straßburg von zürich ab
so bleibt 1916.

2

die nymphe obliegt dem leben.
der general hat einen wesentlichen platz in der natur.
die pyramidenpumpe hat vier knöpfe zwei löcher. die
pyramidenpumpe pumpt schwarze vögel in die natur. ich
pumpe natur. du pumpst kunst.
straßburg liegt in einer wolke.
fünf besen liegen. vier besen sitzen. zwei besen stehen.
weißt du die natur ist ein knopf. weißt du die natur ist ein
schwarzes loch. weißt du die kunst ist ein schwarzes loch. in
jedem loch ist eine wolke. modelliere mir ein loch in einem
loch und in diesem loch zwei löcher und in jedem dieser zwei
löcher vier löcher und in jedem dieser vier löcher fünf löcher.

die wolkenpumpe pumpt unter freuden die wolken aus den röcken. die wolkenpumpe pumpt gegen den kunstrock der nymphe.

3

ich bin in straßburg geboren.

ich habe fünf gedichtbücher herausgegeben. die titel dieser bücher sind der vogel selbdritt – die wolkenpumpe – der pyramidenrock – weißt du schwarzt du – vier knöpfe zwei löcher vier besen.

1916 habe ich in zürich unter freuden dada geboren. dada ist für den unsinn das bedeutet nicht blödsinn. dada ist unsinnig wie die natur und das leben. dada ist für die natur und gegen die kunst. dada will wie die natur jedem ding seinen wesentlichen platz geben.

außerdem obliege ich teils sitzend teils stehend der bildhauerei. niemand kann mir nachweisen daß ich je eine nymphe einen general oder einen adler modelliert habe.

4

weißt du niemand kann mir nachweisen daß ich nicht ein adler bin. der adler obliegt dem leben. weißt du der adler hat fünf leben und vier naturen. weißt du der adler hat außerdem einen titel. schwarzt du der general hat fünf titel fünf knöpfe an seinen zwei sinnen und vier löcher in seinen freuden. die natur aber und ich sind gegen die freuden und geborenen dinge. die natur obliegt dem leben ob sie liegt sitzt steht. die schwarze wolke im weißen rock gebiert unter freuden ein vogelding.

Configuration strasbourgeoise

1

je suis né dans la nature. je suis né à strasbourg. je suis né dans
un nuage. je suis né dans une pompe. je suis né dans une robe.
j'ai quatre natures. j'ai deux choses. j'ai cinq sens. sens et non-
sens. nature est sans-sens. place à la nature. la nature est un
aigle blanc. place dada à la nature dada.
je me modèle un livre à cinq boutons. le tour de force du
sculpteur est une sombre bêtise.

2

la nymphe s'applique à vivre.
le général a un rôle essentiel dans la nature.
la pompe des pyramides a quatre boutons et deux trous. dans
la nature la pompe des pyramides pompe des oiseaux noirs. je
pompe la nature. tu pompes l'art.
strasbourg est dans un nuage. cinq balais sont à terre. quatre
balais sonst assis. deux balais sont debout.
tu sais la nature est un bouton. tu sais la nature est un trou
noir. tu sais l'art est un trou noir. un nuage dans chaque trou.
modèle un trou dans chaque trou et dans ce trou deux trous
et dans chacun de ces deux trous quatre trous et dans chacun
de ces quatres trous cinq trous.
c'est avec joie que des robes la pompe des nues pompe des
nues. la pompe des nues pompe contre la robe d'artifice de la
nymphe.

3

je suis né à strasbourg.

j'ai publié cinq livres de poèmes. les titres de ces livres sont
der vogel selbdritt – die wolkenpumpe – der pyramidenrock –
weisst du schwarzt du – vier knöpfe zwei löcher vier besen.
en 1916 à zurich dada est né dans la joie. dada est pour le sans-
sens ce qui n'est pas le non-sens. dada est sans sens comme la
nature et la vie. dada est pour la nature et contre l'art. comme
la nature dada veut donner à chaque chose sa place essentielle.
en outre je m'adonne tantôt assis tantôt debout à la sculpture.
personne ne peut me prouver que j'aie jamais modelé une
nymphe un général ou un aigle.

4

tu sais personne ne peut me prouver que je ne suis pas un
aigle. l'aigle s'adonne à la vie. tu sais l'aigle a cinq vies et quatre
natures. tu sais l'aigle a en outre un titre. tu sais le général a
cinq titres cinq boutons à ses deux sens et quatre trous dans
ses joies. mais la nature et moi sommes contre ces joies et les
choses nées. la nature s'adonne à la vie qu'elle soit par terre
assise ou debout. le nuage noir dans la robe blanche met au
monde dans la joie une chose-oiseau.

Manifeste millimètre infini

il faut d'abord laisser pousser les formes, les couleurs, les mots,
les tons
et ensuite les expliquer.
Il faut d'abord laisser pousser les jambes, les ailes, les mains et
ensuite laisser voler chanter se former se manifester.
Je ne fait pas, moi, d'abord un plan comme s'il s'agissait d'un
horaire d'un calcul ou d'une guerre.
L'art des étoiles, des fleurs, des formes, des couleurs appartient
à l'infini.

an den springinsfeld

ans tagewerk o du mein spritzer und springer.

siehst du nicht daß es ostet.

ja es ostet bald so stark

daß das lichte mark aus den masten spritzt

und die verwaisten polarkerzen wie springbrunnen springen.

darum spritze und springe auch du mein spritzer und springer.

auch aus den spazierstöcken wird es spritzen und springen

dito aus den zehn fingern und den zehn zehen

dito aus den fahnenstangen tannenbäumen schornsteinen

    masten.

darum spritze und springe auch du.

schon brüllen die rosen in den käfigen.

schon duften die krokodile in den vasen.

schon schleichen die similisäulen auf ihren zehenspitzen fort.

ans tagewerk o du mein spritzer und springer.

siehst du nicht daß es langsam westet.

ja es westet bald so stark

das das lichte mark aus den flaschen spritzt.

doch nicht genug damit.

es wird auch noch süden und norden

und aus allen stäben stangen stecken spritzen und springen.

darum ans tagewerk o du mein spritzer und springer.

das lied des roten

hoch oben
hoch hoch oben
singt der rote ein lied.
rote feurige federn wachsen dem roten
und die zeit vergeht.
ich träume und schreib.
nun fallen mir die maler und bildhauer ein
die ich vor zwanzig jahren
im café odeon sitzen sah.
klumpig und düster sitzen sie da
dem unangenehmen prozeß der verinnerlichung hingegeben
und ringen und knurren mit sich.
schon verschwinden diese herrschaften wieder
und rauchende eier liegen an ihren stellen.
wenn ich nicht acht gebe
entsteht nun ein gedicht.
trinken und singen fällt mir ein.
wir trinken und singen
und die zeit vergeht.
es singt und weht
und wandert im licht.
eines tages rascheln wir wie welke blätter fort
zerfallen zu staub
und werden wieder funken und sterne
und singen und trinken
und wandern selig in feurigen mänteln.

Place blanche

cette matinée ne place sur mon chemin
que les bibelots de la mort
les cloches sonnent des années dans chaque minute
des années passent qui ont un éventail de fourmis sur leur tête
des années passent qui ont une gueule végétale
et des nageoires de génie
des années passent qui chassent de petites années

la lumière de l'art parle du suicide piquant
je ferme les yeux et me trouve sur la place blanche
l'eau de la place est agitée
des vagues énormes bondissent contre les maisons
et arrachent les lèvres
que les oiseaux ont disposées aux fenêtres
j'ouvre les yeux
les crinières blanches s'envolent
des rêveurs qui se tiennent par la main comme des aveugles
traversent la place
le vent caresse les plantes apprivoisées
je ferme les yeux
il fait nuit
subitement dans la nuit je m'éveille
les oiseaux chantent
il fait jour
des montagnes liquides flottent par l'air
j'ouvre les yeux et m'endors debout sur la place blanche
l'ombelle des étoiles se couvre de lèvres

Les saisons de l'horloge de la fraise des animaux veloutés et du berceau

l'horloge nébuleuse se volatilise
les faces de la terre perdent l'incertain
les chemins se précisent
la joaillerie de mollusques sombre

non loin des diamants jumeaux
là où le sentier se termine
devant une fraise bleue
j'ai entendu respirer la douceur
et soupirer la sève

une forêt de clarté
se berce dans une forêt d'obscurité
des animaux veloutés
s'affairent autour d'une source
la source en est furieuse
si étrange que cela paraisse

un souffle me cherche
il tâtonne comme un aveugle avec sa canne
il insiste à me chercher
une lourdeur sombre me revêt
j'aimerais dormir dans un berceau de terre

Veines noires

dans mon cœur de brouillard
meurt la chimère des roses
un astre s'assied au bord de mon lit
il est vieux et lézardé

des araignées grises s'en vont à la file
vers l'horizon aux veines noires
elles s'en vont comme pour l'enterrement d'une fée
le vide soupire

mes pauvres rêves ont perdu leurs ailes
mes pauvres rêves ont perdu leurs flammes
ils se serrent les coudes
sur le cercueil de mon cœur
et rêvent de miettes grises

le jour réapparaît
mais je n'ai plus de forces
le ciel descend et me couvre
j'ouvre pour toujours les yeux

Die graue Zeit

Ich fühle, wie die graue Zeit durch mich zieht.
Sie höhlt mich aus.
Sie bleicht meine Träume.
Sie zieht schon lange durch mich.
Ich ruhe am Strande eines ausgeflossenen Meeres.
In der ungeheuren Muschel glitzern tote Wesen,
riesengroße Zepter aus Salz,
Netze voll gläserner Hufe.
Es bröckelt um mich,
es verwittert und gleitet in die Tiefe.
Langsam zerfällt der unheilige Raum.
Einst blühten selige, gnadenvolle Gedanken.
Einst blühten Harfenträume in der atmenden Ruhe.
Echoblumen antworteten auf Lieder.
Sie antworteten über nie welkende, reine Wipfelwellen.

Ich erwache

Flügel aus Licht sind mir gewachsen!
Sie sind kühl wie die Blätter an Wasserfällen.
Meine Flügel werden groß und stark.
Bald werde ich mich aus dem Nest der Gottesferne schwingen
    können,
mitten in die singenden Himmelsvögel hinein.
Immer stärker werden meine Flügel.
Immer schimmernder wird mein Gefieder.
Mit meinen mächtigen Flügeln
werde ich bald die Höhe und die Tiefe durchfliegen können.
Da schießen plötzlich Schatten empor
und spotten mich grausam aus.
Ich erwache.
Ich bin unbefiedert und nackt
wie ein Vogel, der aus dem Ei schlüpft.
Ich höre mich schluchzend sagen:
Alle meine Ernten sind Schaum.
Es klagt aus dem Hoffnungslosen.
Die finstere Schattenkrone, die auf der Welt lastet,
will sich nicht heben.
In den gottlosen Gründen schimmert kein Stern.
Wo sind die veilchenblauen Auen des Himmels?

Im Hoffnungslosen

Gestalten wie verjährter Widerhall ziehen an mir vorüber.

Gallertartige Gewebe verhüllen eine große Puppe die auf
einem einsamen Platz aufgestellt ist.

Es stöhnt im Hoffnungslosen.

Die finstere Schattenkrone die auf der Welt lastet will sich
nicht heben.

Wo sind die veilchenblauen Auen des Himmels?

Selige haben sie vor langer Zeit in ihren Augen fortgetragen.

Meine Träume zerschinden sich in bösen steinigen Betten.

Vergeblich ging ich tausend Wege.

Immer drohten die Türme einzustürzen auf denen ich
Ausschau halten wollte.

An abgründigen Aschehimmeln lauern böse greise Spinnen.

Ihr Herz schreit mißtönend auf.

Auch sie sind Verwunschene wie ich.

Ich habe die Spuren des Lichtes verloren.

Ich kann aus meiner grauen Heimat nicht entfliehen.

Was nützen mich die Lieder

die sich von der einen Seite auf die andere legen.

Sie sind wie die todmüden Bergführer.

Sie antworten aus verwelkten Herzen die gleichen Sätze:

Das Edelblau ist auch nur Traumgefunkel.

Wer spiegelnde Hände hat hüte sich gut daß kein Hauch sie
trübe ...

Sophie

Die Herzen sind Sterne,
die im Menschen blühen.
Alle Blumen sind Himmel.
Alle Himmel sind Blumen.
Alle Blumen glühen.
Alle Himmel blühen.

Ich spreche kleine, alltägliche Sätze
leise für mich hin.
Um mir Mut zu machen,
um mich zu verwirren,
um das große Leid, die Hilflosigkeit,
in der wir leben, zu vergessen,
spreche ich kleine, einfältige Sätze.

Die Meere sind Blumen.
Die Wolken sind Blumen.
Die Sterne sind Blumen,
die im Himmel blühen.
Der Mond ist eine Blume.
Der Mond ist aber auch eine große Träne.

Ich spreche kleine, einfältige Sätze
leise für mich hin,
immerfort für mich hin.
Ich spreche kleine, alltägliche, geringe Sätze.
Ich spreche wie die geringen Glocken,
die sich wiederholen und wiederholen.

Sophie ist ein Himmel.
Sophie ist ein Stern.
Sophie ist eine Blume.

Alle Blumen blühen,
blühen für dich.
Alle Herzen glühen,
glühen für dich.

Nun bist du fortgegangen.
Was soll ich hier gehen und stehen.
Ich habe nur ein Verlangen.
Ich will dich wiedersehen.

Wie schnell vergeht ein Leben
in Gottes lichtem Dunkel.
Kaum ist heute gesagt,
ist morgen schon vergangen.
Und so vergehen die Jahre
mit Spielen, Träumen, Säumen.
Und so vergeht die Zeit,
in der die Blumen schweben.

Seitdem du gestorben bist,
danke ich jedem vergehenden Tag.
Jeder vergangene Tag
bringt mich dir näher.

Du zeichnetest die Umrisse des lichten Lebens.

Die blauen duftenden Fluten,

die aus den Blumenteppichen des Sommers strömen,

das Rauschen der Wolkengarben

verklärten deine Linien über dem unheimlichen Grund.

Die Blumensterne umgabst du mit Sternenstrahlen.

Die spaßhaft plaudernden Blumenbeete schwiegen andächtig,

wenn deine Augen über sie leuchteten.

Du verabscheutest das Zertrümmerte, das Formlose,

das leer Glänzende der Theaterwunder,

die Kniefälle anmaßender Wüsten.

Elemente

Ich träume von den vier Elementen, Erde, Wasser, Feuer, Luft.
Ich träume von Gut und Böse.
Und Erde, Wasser, Feuer, Luft, Gut und Böse verweben sich
zum Wesentlichen.

Aus einem wogenden Himmelsvlies steigt ein Blatt empor.
Das Blatt verwandelt sich in einen Torso.
Der Torso verwandelt sich in eine Vase.
Ein gewaltiger Nabel erscheint.
Er wächst,
er wird größer und größer.
Das wogende Himmelsvlies löst sich in ihm auf.
Der Nabel ist zu einer Sonne geworden,
zu einer maßlosen Quelle,
zur Urquelle der Welt.
Sie strahlt.
Sie ist zu Licht geworden.
Sie ist zum Wesentlichen geworden.

Mit Mühe kann ich mich an den Unterschied zwischen einem
Palast und einem Nest erinnern.
Ein Nest und ein Palast sind von gleicher Pracht.
In der Blume glüht schon der Stern.
Dieses Vermengen, Verweben, Auflösen, dieses Aufheben der
Grenzen ist der Weg, der zum Wesentlichen führt.

Wie Wolken treiben die Gestalten der Welt ineinander.

Je inniger sie sich vereinigen,

um so näher sind sie dem Wesen der Welt.

Wenn das Körperliche vergeht,

erstrahlt das Wesentliche.

Ich träume von dem fliegenden Schädel,

von dem Nabeltor und den zwei Vögeln, die das Tor bilden,

von einem Blatt, das sich in einen Torso verwandelt,

von gelben Kugeln, von gelben Flächen,

von gelber, von grüner, von weißer Zeit,

von der wesentlichen Uhr ohne Zeiger und Zifferblatt.

Ich träume von innen und außen, von oben und unten, von
hier und dort, von heute und morgen.

Und innen, außen, oben, unten, hier, dort, heute, morgen
vermengen sich, verweben sich, lösen sich auf.

Dieses Aufheben der Grenzen ist der Weg, der zum
Wesentlichen führt.

Firi

lion de nuit é pli
dépli ivri par pli
débranche si pi si pli
firi firi
i
gli
car rond ton son piri
tiu tiu en voute
ilion ti piri
lion signole ré mi
si illicide lyrie
inique isis si pli
son ton é rond enchante
invoute empli la nuit
tiu tiu é glu
supu tiu glu
glu supu
tulu

FORMES

LES FORMES QUE J'AI CRÉÉES DANS LES ANNÉES 1927 À 1948
    ET QUE J'AI NOMMÉES DES FORMES COSMIQUES
ÉTAIENT DES FORMES VASTES
QUI DEVAIENT ENGLOBER UNE MULTITUDE DE FORMES
    TELLES PAR EXEMPLE QUE:
L'ŒUF
L'ORBITE PLANÉTAIRE
LE COURS DES PLANÈTES
LE BOURGEON
LA TÊTE HUMAINE
LES SEINS
LA COQUILLE
LES ONDES
LA CLOCHE.
JE CONSTELLAIS CES FORMES
«SELON LES LOIS DU HASARD».
J'OBÉISSAIS INCONSCIEMMENT À UNE LOI QUI
    AUJOURD'HUI EST DEVENUE
UNE LOI SUPRÊME.
JE DONNAIS CE NOM «SELON LES LOIS DU HASARD»
    NAÏVEMENT
SANS SAVOIR QUE C'ÉTAIT UNE LOI QUI ENGLOBAIT LA LOI
    DE CAUSE ET EFFET SELON PLANCK.
CES FORMES COSMIQUES SEMBLAIENT MUETTES
PARCE QUE LEUR LANGAGE DÉPASSE LES ONDES
    PERCEPTIBLES POUR L'HOMME.
EN VISITANT LA CATHÉDRALE DE CHARTRES EN 1948

LA PLÉNITUDE L'AUGUSTE GRANDEUR ET LA PERFECTION
   DES VITRAUX
QU'AUCUN ART NE POURRA JAMAIS DÉPASSER
M'ENGAGEAIENT À RÉFLÉCHIR SUR LES LIMITES DE NOS
   FORCES
ET A RÉDUIRE LE RÈGNE DE NOTRE DÉPLOIEMENT.
JE CHOISISSAIS DONC À PARTIR DE LÀ
DES FORMES PLUS PRIMITIVES
DES FORMES PARTIELLEMENT RECTILIGNES
QUI PERMETTAIENT D'ATTIRER D'INTERCEPTER D'INCLURE
   DES MOUVEMENTS
ET DES IDÉES SE RAPPROCHANT DE
L'IMAGE HUMAINE.

L'eau reste vide

celui-ci est-il ici-bas
celui-là est-il dans l'au-delà?

ce qui est ici-bas s'effarouche quand il veut s'asseoir
ce qui est dans l'au-delà s'empile jusqu'au grand bord de l'âme
    plumée des deux côtés

celui-ci est-il ici-bas
celui-là est-il dans l'au-delà?

le devant sort par le devant
le derrière sort par le derrière
et le milieu reste debout
mais avant que le milieu se présente
l'eau se vide
et la bouteille s'emplit
la main ferme la gueule
car ce qui est dit devient sang et se tutoie
les archi-cuisses pendent hors des chemises
et touchent les armées
sur la tête des années fécondes les cheveux se dressent
mais l'eau reste vide.

Erbarmen

Nach einer langen Dürre fiel endlich Regen. Es regnete in Strömen Tage, Nächte, Wochen und regnete weiter Tage, Nächte, Wochen und Wochen, und die Pflanzen wuchsen, selbst die toten wuchsen wieder. Ihre Äste und Zweige wurden mächtige, grüne Glieder, die sich wie Schlangen wanden und aufreckten. Ein unheimliches Gefühl beschlich die Menschen. Keiner jedoch wollte dies vor dem anderen eingestehen. Sie taten, als merkten sie nichts Ungewöhnliches, begannen aber besonders laut zu sprechen wie Kinder, die im Dunkeln sich Mut machen wollen. Man hörte sie sagen, daß dieser Regen eine große Wohltat für die Pflanzen sei und daß diese immer schöner würden. In Wirklichkeit aber wurden die Pflanzen nicht schöner, sondern nur größer und bedrohlicher. Es regnete weiter, und die Pflanzen wuchsen weiter und wurden zu Ungeheuern mit schrecklichen, leichenfarbenen Blumenköpfen und riesengroßen Froschmäulern, aus denen widerliche Fangzungen schnellten. Die Pflanzen wuchsen und wuchsen. Sie wuchsen um die Häuser, über die Häuser, zersprengten Fenster, Türen, Mauern und drangen in die Häuser ein. Nun verloren die Menschen plötzlich ihren Verstand, flehten und schrieen aus vollem Halse um Erbarmen. Sie sanken vor den Pflanzen in die Knie und boten ihnen Eierkognak, Geld und Kunstgegenstände an, ja, versprachen sogar, ihnen ihre abgöttisch geliebten Maschinen zu schenken. Die Pflanzen aber stürzten sich mit ihren schrecklichen, riesengroßen, froschmäuligen, leichenfarbenen Blumenköpfen auf die Köpfe der dummen Menschen, rissen deren Hirnschalen auf und verschluckten das Gehirn, wie exotische Feinschmecker das Gehirn junger, lebender Äffchen schlürfen.

Dada-Sprüche

Bevor Dada da war, war Dada da.

Dada ist eine altertümliche, vierbeinige Armbrust, die ein Hündchen an der Leine führt.

Dada hat Schwingen, die gewaltiger als hundert Urwälder sind.

Dada sieht manchmal einem Menschen aus Torf mit Augen aus wurmstichigen Äpfeln ähnlich. Trotzdem ist Dada jeden Tag schöner als der vorhergehende.

Dada ist eine Rose, die eine Rose im Knopfloch trägt.

Dada redet mit einer Menschenzunge von seinen unzähligen vollen Flaschen.

Dada hat Hände und Füße, die stets Dinge unternehmen, die weder Hand noch Fuß haben, hat Köpfe, die stets den Kopf verlieren, und Häuschen, die stets aus dem Häuschen geraten.

Dada ist Anfang und Ende, fängt mit dem Ende an, läßt alsdann den Anfang folgen und schließt nicht mit dem dicken Mittelteil. Darum sieht Dada so gesund aus, ist gerecht und vorurteilslos in der Anwendung von großen Sprüchen.

Warum sollte Dada den Menschen hinterrücks anspringen, ihn ekelhaft betasten, kraulen, belecken und würgen, so daß er am nächsten Morgen tot erwacht?

Dada ist schön wie die Nacht, die einen jungen Tag in ihren Armen wiegt.

Dada ratet Dir, in den Spiegeln der Andern Eier zu legen.

Der Dadaismus hat die schönen Künste überfallen. Er hat die Kunst für einen magischen Stuhlgang erklärt, die Venus von Milo klistiert und «Laokoon & Söhnen» nach tausendjährigem Ringkampf mit der Klapperschlange ermöglicht, endlich auszutreten. Der Dadaismus hat das Bejahen und Verneinen bis zum Nonsens geführt. Um Überheblichkeit und Anmaßung zu vernichten, war er destruktiv.

Dada ist der Urgrund aller Kunst. Dada ist für den «Ohne-Sinn» der Kunst, was nicht Unsinn bedeutet. Dada ist ohne Sinn wie die Natur. Dada ist für die Natur und gegen die Kunst. Dada ist unmittelbar wie die Natur und versucht jedem Ding seinen wesentlichen Platz zu geben. Dada ist moralisch wie die Natur. Dada ist für den unbegrenzten Sinn und die begrenzten Mittel. Das Leben ist für den Dadaisten der Sinn der Kunst. Die Kunst kann die Mittel mißverstehen und statt begrenzter Mittel unendliche Mittel anwenden. Dann wird nur Leben, nur Natur vorgetäuscht, statt Leben erschaffen. Die akademische Malerei beschreibt, gibt Illusionen statt Leben und Natur. Die akademische Malerei täuscht die Natur und das Leben vor.

Dunkler wird das Dunkle

Die Dunkelheit der Erde wird immer dunkler.
Im Dunkeln vermehren sich auch die ungezieferähnlichen
Lärmmenschen
Bombenköche
Maschinenbeischläfer
Zentauren, halb Mensch halb Maschine
Menschen mit Fußballköpfen
Menschen ohne ein Fünklein altertümlichen Herzens
Menschen, die auf dem Kopf stehen und gehen und meinen,
    die andern stünden und gingen auf dem Kopf.
Je mehr die Menschen gespenstig sinnlos rasen, lärmen,
    sprengen, drahtlos sich wellen, auflösen, übertönig fliegen,
desto dunkler wird das Dunkle auf unserer Erde.
Je mehr die Menschen ein- und aussausen aus ihren stählernen
    Fortschrittstürmen,
je mehr die Menschen die Berge und Täler verbetonisieren,
desto dunkler wird das Dunkle auf unserer Erde.
Je emsiger die Menschen in den Falten des göttlichen Mantels
    wühlen,
je mehr sie zarathustren und gaurisankaren,
desto dunkler wird das Dunkle auf unserer Erde.

Menschen

Bescheidene graugestrichene Stuhlmenschen
die nichts anderes sein wollen
als Stühle auf die sich andere setzen

Wolkenmenschen die sich selbst gebären.

Unbenabelte Unmenschen die sich bessern möchten
und sich langsam wie blind
nach einem Menschennabel hintasten.

Löchermenschen durch die schnurstracks
der Weg in die fortschrittliche Hölle führt.
Löchermenschen die eine Wabe hervorbringen
aber wenig Honig.

Lange lange dünne Fadenmenschen
aus weißem unbeschriebenem Faden
die auf einer Spule aufgerollt
bequem in Hosentaschen mitgeführt werden können.

Menschen, die das Gefühl haben
daß die Steine demnächst reif seien.

Menschen die der Meinung sind
daß es keinen Sinn habe
sich zu seinen zwei Beinen vorne
noch zwei Beine hinten wachsen zu lassen
und daß selbst ein einziges Bein genügte
um ins Bodenlose zu springen.

Zeigermenschen die an einer Wand angebracht
sich sofort wie Zeiger im Kreise drehen
kuckuck kuckuck rufen
und die Zeit anzeigen.

Menschen die nach ihrem Tode leuchtende Sonnen sind.

Menschen die ein Meer sind
das mit Sträußen würfelt.

Menschen die mild leuchtende vereierte Monde sind.

Menschen die als eine arabische Eins
in eine Eisenbahn einsteigen
und als römische Eins
wieder aussteigen.

Menschen sagen sich:
Pflanzen immer fortpflanzen
seien dies Schirme oder potemkinsche Lanzen
hinter böhmischen oder spanischen Dörfern
bringt zum rasen.
Lieber mit kalten Grenzen spalieren.
Lieber den Peridrom
sein lebenlang nicht verlassen

Menschen die Kieselsteine niesen.

Kentaurmenschen halb Auto halb Mensch.

Plaudertaschenmenschen die aus der Taillenschule plaudern.

Menschen die dem Urgrund
keinen rechten Geschmack abgewinnen können
lieber im Diesseits hangeln
und in ihrem entnasten Gesicht
drei streng übereinander angeordnete und üppig gediehene
heraldisch stilisierte Schnurrbärte
täglich sorgfältig bürsten vergolden und lackieren.

Ihre ausgezeichnete Herzlosigkeit

Die Maschinen sind so intelligent
so vollendet konstruierte Wesen
daß ihr Weltraumwitz die Menschen übertrumpft.
Sie können sich wohl nicht auf kleine Stühlchen setzen
wie wir
essen keine Nudeln
wie wir
reimen sich nicht mit Märchen
wie wir
tanzen wohl nicht mit himmelblauen Traumkreiseln
wie wir
rechnen aber schneller als die Menschen
sind luxuriöser sauberer kühner
und saugen uns darum aus.
Wir hängen als leere Schoten
in ihren Stahlskeletten
in ihren sogenannten luxuriösen Reisewohnungen.
Ihre ausgezeichnete Herzlosigkeit
läßt sie das Fliegenspiel erfinden.
Sie bespritzen lange Wolkenbänke mit Zähflüssigem
und lassen uns daran zu Tode zappeln zerren flattern
den altfränkischen atheistischen Krokodilen
und exorbitanten Übertontanteln
zur Augenweide.

Das atheistische Krokodil

Was ist los?

Nichts ist los.

Das heißt die gewaltigen Wunderwerke der Sterne sind Gott
sei Dank immer noch los.

Sie ziehen ihre Bahnen als sei nichts los.

Was kann überhaupt los sein.

Ein Knopf an einem ehernen Monument kann los sein.

Flammende Frauenzimmer können in Zimmern los sein.

Blaue Erinnerungen können im Inwendigen los sein und sich
im Auswendigen scheinbar unendlich widerspiegeln.

Was ist los?

Das atheistische Krokodil ist los und rezitiert:

«Wagen raden

Hänge matten

Eisen bahnen

Dudel sacken»

Zudem kann der Schreibstift des atheistischen Krokodils los
sein und schreiben:

«Krokodiplomat

Krokodilemma

Krokodiocletian

Krokodiorama

Rokokokrokodil»

Das kurzweilt den armen Teufel, der nicht beten kann.

Weltengroße Lichtblumen blühen und erlöschen.

Welten zerstäuben.

Was ist los oder was kann los sein?

Der Schreibstift des atheistischen Krokodils kann los sein und
schreiben:
«Abel Babel Fabel
Gabel Kabel Nabel»

die träumer sind die antipoden der überrunder auf den
    höchsten ebenen.
die träumer sind eine gesellschaft mit unbeschränkter haftung,
    also einer haftung mit leib und seele.
je runder die überrunder auf den höchsten ebenen sich dem
    überrunden hingeben, desto überträumter überträumen die
    überträumer die überrunder.
die überträumer werden nicht nur vierecke wie noch nie,
    sondern übervierecke träumen.
die überträumer werden nicht nur kreise wie noch nie,
    sondern überkreise, sogenannte «sophiekreise» träumen.
die überträumer werden nicht nur punkte wie noch nie,
    sondern überpunkte, sogenannte «billpunkte» träumen, so
    daß den überrundern vor ihren rundungen übel wird.
wie verbeulter blauer dunst werden den überrundern ihre
    rundungen vorkommen.
ich will nun aber nicht länger mit dem vordemberge-gildewart
    hinter dem berge halten.
mit einer vordembergeschen linie streichen wir im nu die
    überrunder mitsamt ihren höchsten ebenen durch.
nach dem dafürhalten des schreibers dieser zeilen genügt eine
    einzige dieser vordembergeschen wunderlinien, um die
    atombomben mitsamt ihren bombonieren aus der welt zu
    schaffen.
zehn centimeter lange vordembergesche linien blasen
    auch den übermaschinen das lebenslicht aus nebst den
    dazugehörigen maschinenzentauern, die unaufhörlich von
    einem leeren ende der welt zum andern leeren ende der
    welt rasen.

um noch ein mehreres zu tun, ist schreiber dieser zeilen gerne bereit, jeden monat ein wolkengedicht und eine wolkenplastik dreinzugeben.

Herr Würze Stürze

Eines schönen Tages findet er nicht mehr heim, findet er nicht mehr den Weg zu sich.

Eines schönen Tages ist er ein Bilderbuchmensch geworden, der nichts anderes möchte als in einem echten Frühling spazieren gehen.

Quallige Welten verfolgen ihn jedoch mit weichen Bewegungen.

Er sagt, daß er bis an sein Lebensende für nichts mehr Zeit haben werde, da er unter den Worten «goldene Ratten, rosa Watten, hauchzart bestatten» wählen müsse.

Es gehe um ewig wachen oder ewig träumen.

Wann wird der Himmel endlich engelfarben?

Ja, schreit er laut aus seinem weit geöffneten Fenster, ja so sind die Geschichten auf unserer Erde.

Ich heiße Würze und werde mich fortan auch Stürze, also Herrn Würze Stürze, nennen müssen.

Dann muss ich Stürze stürzen, den einen um den anderen, den einen in den anderen.

Unzählige schwarze Stürze muß ich stürzen, schwarz in schwarz, in die Tiefe nach oben, in die Tiefe nach unten, in die Tiefe nach vorne, in die Tiefe nach hinten, kurz und gut in die Tiefe in mich und wieder aus der Tiefe aus mir, damit alles wieder von vorne anfängt.

Für was diese Wandlungen, die Verwandlungen, diese Handlungen?

Für was diese Häuschen, wenn man alle naselang in diesen Häuschen aus dem Häuschen geraten muß?

Für was diese Häuschen, wenn man alle naselang von einem Häuschen in das andere rast, bis man endgültig aus dem Häuschen getragen wird?

Wer ist er?

Wo ist er?

Wann findet er den Weg zu sich?

Eines schönen Tages nach einem schönen Tag sagt er, daß er die Schwalbe sei, die ganz allein einen Sommer machen könne.

Sophie

Sophie tröstet mich.

Ich beklage mich, daß immer mehr düstere Zweige mir die Tiefe des Himmels vergittern.

Sophie antwortet mir, daß der Himmel durch sanftes Blühen verdient werden müsse.

Die Größenverhältnisse der Dinge, die uns umgeben, ändern sich.

Die Schneeglöckchen sind nun größer als die ausgewachsenen Tannen.

Sophie verscheucht die mächtigen ledernen Schatten.

Auf ihre Bitte hin atmen geisterhaft geschminkte Zypressenalleen das Finstere ein.

Wie der Anker ein Schiff vor der unheilvollen Abtrift bewahrt, so retten mich ihre Traumrechnungen vor der zerrissenen, zerfetzenden, rasenden Zeit.

Sie träumt sorgfältig geordnete Reihen mohnroter, maigrüner, blaugrüner Kreise auf schwarzem Grund.

Sie träumt von seidenen Zahlen und himmelblauen Wegen.

Sophie stellte der lauten wechselnden Welt die Stetigkeit ihres inneren Himmels entgegen.

Sie mied die Schnelligkeit des überwachen Wandels.

Der Bau ihres Tages glich dem Bau ihrer Bilder.

Sichtbare Musik ließ sie aus lichten Tiefen aufsteigen.

Es bedarf ja nur der reinen Kraft des Traumes, um Spiegel zu entsiegeln und ihnen alle je gespiegelten Bilder entsteigen zu lassen.

Es bedarf ja nur der reinen Kraft des Traumes, um das Blau des Himmels sich zu unseren Füßen schmiegen zu sehen.

Vor den Bildern Sophies nimmt das Schauderhafte Reißaus, als sei es ein Gespenst, das den ersten Hahnenschrei hört.

Mondsicheln schaukeln.

Sie schaukeln immer ausgelassener.

Sie schaukeln, bis sie sich überschlagen und zu einem tollen Kreis werden.

Wellenbälle springen.

Wellen hallen.

Ein unendlicher Kreis von Wellen.

Der Meereskreis.

Sophie lacht hell auf. Meergrüne und blaue Wunderwinzigkeiten versammeln sich zu einem Turniere.

Es sind die plateresken Herrschaften, denen Sophie immer mit großer Fröhlichkeit begegnete und sich nicht genug tun konnte, sie zu bewundern.

Zwischen Dürrem, Splitterigem, Faserigem, Grauem funkeln und schillern sie in goldenen Rüstungen.

Sie starren von gelben Funken, roten Blitzen, schwarzen Sternen.

Märchenhafte Ritter begrüßen sich umständlich unter langwierigen Zeremonien.

Leidtragende in schwarz sind wenige unter ihnen.

Stelzende Wappen.

Behörnte Wülste reigen.

Prunkvolle Rüssel begrüßen Stacheln.

Behaarte Schilde steppen.

Sechsbeinige Kronen tanzen den Tzardas.

Schleier tanzen mit Schleppen.

Lockige Buckel wandern schlicht.

In Hauptsache wird getanzt.

Sie tanzen und tanzen wie toll und voll.

Sie tanzen und tanzen und purzeln um und um.

Für ein altes spaßiges Stühlchen hatte Sophie eine besondere Verehrung.

Dies hatte Hintergründe, von denen sie mir nur hin und wieder andeutungsweise sprach.

Sie erzählte ihrem Stühlchen lange Märchen, in denen die Rede war vom Versprühen zierlicher Welten, von wellengleichem Klingen, von körperloser Helligkeit, und all dies bezog sich auf die frühere Besitzerin des Stühlchens, welche sich schon lange nicht mehr um Blühen und Verblühen kümmerte.

Sophie liebte ihren Garten herzinniglich.

Wenn er blühte, besuchte sie ihn zwischen jedem Traum, zwischen jeder Arbeit an ihren Bildern.

Fürsorglich begrüßte sie ihn und zeichnete jede Blume im einzelnen durch besondere Gebärden, Reverenzen, Verbeugungen aus.

Sie versprach, ihnen holdselige feenhafte Denkmäler in ihren Bildern zu errichten.

Sie nannte die Blumen mit besondere Namen: schwanengleiche Flamme, zuversichtlich vergehendes Licht, Mondhof.

Überlegte Sophie, das heißt träumte sie, so nahm sie meistens auf ihrem knarrenden Stühlchen, dem stolzen Schloß einiger Holzwürmer, Platz.

Sie fragte auf ihrem Stühlchen sitzend die Nacht:

«Wer hat alle diese Sterne ausgeatmet?»

Sie fragte den Tag, ob er nicht Platz nehmen wolle auf ihrem spaßigen Stühlchen.

Sie spaßte mit ihrem spaßigen Stühlchen, das eine zu hohe Lehne und zu kurze Beine hatte und trank gerne auf sein Wohl ein Glas weißen Wein, welchen sie sorglich mit dem Kräutlein Zitronel gewürzt hatte.

Ich bewege mich in einem Bildbau Sophies.

Ich wandle wie im Traume.

Ich ziehe dahin.

Ich bin zugleich hier und dort.

Ich kenne alle Linien, alle Punkte, alle Traumaussichtspunkte dieses Bildbaues.

Ich kenne alle seine Linienüberschneidungen, Quadrate, Rechtecke, Kreise.

Ich spüre Sophies Hand in jedem kleinsten Winkel ihres Bildbaues, wie man die Hand des Meisters und des Zauberers in den Wunderbauten spürt.

Selbst wenn sie nur den Plan zu dieser lieblichen Strenge gegeben hätte, würde ich spüren, daß sie ihre Hand in diesem Traumspiele hat.

Nun bin ich umringt von Legenden des Sinkens und Steigens, der Teile und der Gegenteile, des dunklen Niederlegens und des lichten Auferstehens.

Ich wandle im Traum.

Ich ziehe dahin.

Ich bin zugleich hier und dort.

Weiß duftet nach errötenden Veilchen.

Schwarz duftet nach erbleichendem Smaragd.

... inmitten sichtbarer Lieder.

—

Sophies Humor konnte sich besonders in den von ihr erdichte-
ten Tänzen und in schalkhaften Pantomimen ausdrücken.

Sie tanzte einen Goldfisch, der sein ganzes Gold verliert und
arm und erbärmlich von dannen schwimmt.

Sie tanzte den Finsteren, den Bösen, der sich langweilt und
das Gegenteil von sich werden möchte, aber sich nicht ent-
schließen kann, ob er ein Kind oder ein Engel werden soll.

Sie tanzte auch Fragen.

Führt dieser Weg in den schwarzen Himmel?

Führt dieser Weg in das Schwarze?

Wer kennt die Gewalt der Blumen?

Wer kennt nicht die süße Strenge, die süße Unerbittlichkeit
der Blumen.

Sie malte den Weg, der in den sonnengoldenen Kreis führt.

... den Weg, der in den himmelblauen Kreis führt.

... den Weg, der zum Herzen des Lichtes führt.

Sie malte ihre eigene Stimme.

Sie malte den Raum um ihre Stimme.

Sie malte das Innere einer Blume.

... einen Kreis, der sich als Blume verkleidet.

... die Spur des schön Gesprochenen.

... die Bahn der Sphärenaugen.

Traumzepter.

Atmende Säulen.

Blaue Linienbäume verströmen sich in unendliche rau-
schende Kronen.

Das Gestaltlose reckt und streckt sich und wird auf Sophies
Geheiß vielgliedriger schwebender, kreisender Traum.

Schon das Wort Traum ergriff, bewegte, beglückte Sophie tief.

Sie liebte die Träume der Sterne.

Sie liebte das Blühen der Himmelsbläue.

Sie belauschte die duftende Farbensprache der Pflanzen.

Sophie versuchte in ihren Bildern mit den einfachsten Formen inneres Licht aufleuchten zu lassen.

... inneres Licht zu erschaffen.

Singende Amphoren.

Viele Bilder Sophies sind verkleidete Blumen.

Viele ihrer Zeichnungen sind die verschlungenen Linienwege, die zum Herzen des Lichtes führen.

Unter einem göttlichen unendlich leuchtenden Flügelbaum sitzt Sophie und malt Traumkreise.

Der göttliche Flügelbaum läßt von seinen Flügelzweigen süßes Feuer auf sie niederrinnen.

Ein Engel fragt:
«Kann ich einmal
einen kleinen Augenblick
ein Menschenleben lang
vom himmlischen Saus und Braus
Urlaub nehmen?
Ich möchte gerne
als armer Mensch
den Mond andichten.»

Ein traumtrunkener Mond
wiegt einen mondtrunkenen Träumer,
der sich fragt:
Bin ich ein traumtrunkener Mond,
der sich in süßduftenden Frühen wiegt?
Bin ich ein traumtrunkener Mond,
der sich in den Augen
eines mondtrunkenen Träumers spiegelt?

Ein mondtrunkener Träumer
wiegt einen traumtrunkenen Mond,
der sich fragt:
Bin ich ein mondtrunkener Träumer,
der sich in süßduftenden Frühen wiegt?
Bin ich ein mondtrunkener Träumer,
der sich in den Augen
eines traumtrunkenen Mondes spiegelt?

Qu'est-ce que c'est que ça

Un homme s'endort corbeau
et se réveille corbillard
suivi de plusieurs centaines de personnes.

Un homme s'endort ménestrel
et se réveille technicien moderne
c'est-à-dire supercentaure mécanisé
dont toutes les ouvertures débordent
de logarithmes de calculs électroniques de science nucléaire.

Une femme et ses douze enfants
s'endorment sains et saufs
et se réveillent lac habité
de nymphes sombres
et déversant treize fleuves sauvages.

Un enfant s'endort sur le mot MOCCOLO
– qu'est-ce que c'est que ça
Moccolo? –
et se réveille petite bougie
que l'on porte allumée à Rome à travers les rues
pendant les réjouissances du carnaval.

Une belle femme prend un bain
et quitte sa baignoire
couverte d'un admirable plumage de flammes.
Elle incendie sa maison.
Il ne reste rien d'autre à faire
que de l'enterrer vivante
pour éviter le sinistre de la ville entière.
L'enterrer n'est pas chose facile
et ne réussit que grâce aux longues fourches métalliques
de la collection de Monsieur Alfred Durillon Père et Fils.

Un homme gras s'endort
et se réveille Néron
avec une couronne de laurier d'or dans ses boucles.
Il transporte toujours et tounuits
des provisions de voyage
en quantité énorme
sous le plafond de son palanquin
c'est-à-dire
un démembrement démesuré d'orchidées démentes
et d'innombrables drapeaux à la devise
«Lazuli Lazuli que me veux-tu.»

Précipice

trili trili rend vend bataille
saille aille l'or
ornithologue ne renie pas cet ornement

peau rouge peau verte
plus rouge que le soleil
suivie d'une cravate hurlante
du lard du lard de serpent

trili trili rend vend bataille
saille aille l'or
ornithologue ne renie pas cet ornement

où un inéluctable pendant
saute au-dessus du parapet
dans le précipice sans fond
vers les tessons d'un firmament

Une onde blanche

Sous les redents des falaises
et sur l'hermine des plages
papillonnaient tes gants de corolle
ton chapeau de nuage
ton ombre d'ailes blanches.
Tu riais de tout de la tour des guenilles
des clowns tristes et chétifs.
Tu dirigeais la mode des jeux.
Toujours quand le ciel tombait
c'était toi qui avais les alouettes dans ta main.
Mais le gris rongeait les ports de tes rêves.
Les miroirs de tes yeux
de tes lèvres
de tes paroles
devenaient vides et perdaient leurs échos.
Tes mots tombaient dans le gris
qui ne laisse aucune trace.
Gris dans le gris ta vie s'écoulait
comme une source grise aux langues éteintes.
Mais la dernière fois que je te vis
tu fus une onde blanche
décidée à retourner pour toujours
dans le blanc.

La cathédrale est un cœur

La cathédrale est un cœur.
Comment ai-je pu dire
que la cathédrale de Strasbourg
était un cœur?
Pour la même raison
que vous pourriez dire
que nous sommes une branche d'étoiles
que les anges ont des mains de poupée
que le bleu est en danger de mort
qu'il déteste les surhommes
et qu'il préfère les hommes de neige
qui fondent sur une plage d'été
entourés de lampes à pétrole.
La cathédrale est un cœur.
La tour est un bourgeon.
Avez-vous compté les marches
qui mènent à la plate-forme?
Elles deviennent chaque soir de plus en plus nombreuses.
Elles poussent.
La tour tourne
et tourne autour d'elle.
Elle tourne elle pousse
elle danse avec ses saintes
et ses saints
avec ses cœurs.
S'envolera-t-elle avec ses anges
la tour de la cathédrale de Strasbourg?

La cathédrale de Strasbourg
est une hirondelle.
Les hirondelles
croient aux anges de nuages.
Les hirondelles
ne croient pas aux échelles.
Pour monter en l'air
elles se laissent tomber en l'air
dans l'air tissé
de bleu infini.
La cathédrale de Strasbourg
est une hirondelle.
Elle se laisse tomber dans le ciel ailé
dans l'air des anges.

Wie leer sind die Tage und Nächte geworden!
Wie lange schon ist die Schönheit fort.
Weit fort ist sie geflohen
mit ihren singenden Sternen
mit ihrem Lichtangesicht.

Wann haben die Fortschrittler genug geschritten?
Wann haben die Überrunder genug gerundet?
Wann sind die Überrunder endlich rund geworden?
Wann ist die höchste Ebene hoch genug?

Was da so dahinflattert
sind Menschen
die Gott verloren haben.

Ich bin für die Atompilzzüchter sowieso verloren.
Für sie gehöre ich zu den Hoffnungslosen
die aus den letzten altertümlichen Klausen kommen
die noch auf dem Erdboden gebaut worden sind.
Die atheistischen Krokodile
werden zinnoberrot vor Wut
wenn sie so einen hoffnungslos Zurückgebliebenen
wie mich antreffen.
In geschmackvoller Schokoladeverpackung
in sogenannten Bombennièren
schenken sie ihren Lieben
kleine niedliche Atombomben
für den Hausgebrauch.

Weiss auf Weiss

Die Urkunden des Winters
sind stets weiß auf weiß geschrieben.
Den singenden Diamanten
vermögen selbst schneeweiße Zwillinge
nur mit den Augen zu hören.

Viel gutmütiges Gold
ist unnütz vertan worden
um wächserne Brüste zum schmelzen zu bringen.

Wer bescheiden und fleißig die Hände faltet
und das Geheimnis des Zufalls
in seiner Arbeit nicht bekämpft,
wird lebendiges Gewebe wirken.
Im Zufall nähern wir uns der Tiefe.

Vergangenes, Gegenwärtiges, Zukünftiges, Licht und Dunkel
werden sich schließlich in Reinheit verwandeln.

Weiße Vögel singen weiße Lieder
in einem weißen Baum,
der in einer weißen Wolke wächst.
Gläserne Särge werden in gläsernen Sänften
sichtbar für die Ohren vorübergetragen.

Ein dunkelblauer, läufiger Blumenstern
lechzt nach dunkelblauem Samen.
Im grünen Liederlaubwerk
hängen grüne Liederaugen.

Wir können weiß auf weiß
und schwarz auf schwarz unterscheiden,
wenn wir mit den Augen zu hören
und mit den Ohren zu sehen
gelernt haben.
In der Schule lernen wir schwarz auf weiß schreiben
und schwarz auf weiß gedruckte Bücher lesen.

Was aber weiß auf weiß
oder schwarz auf schwarz geschrieben ist,
konnten nur die sagenhaften Urhirten,
dämonische Fergen,
schneeweiße Zwillinge,
Märchenfrauen, schön wie Akeleien, Knabenkraut, Seerosen
lesen,
denn diese lasen nicht nur mit den Augen,
sondern auch mit den Ohren
und hörten nicht nur mit den Ohren
sondern auch mit den Augen.

Der ewige Urnabel
hat uns Mund und Nase gegeben
um uns vom schmecken und riechen zu befreien,
und diese Sinne zu verwandeln, zu verfeinern,
um uns verströmen zu lassen,
um uns zu lösen.

Bringt nicht die Zuneigung eines Menschen zu einer Blume
diese schnell zum Blühen
oder die Abneigung
diese schnell zum Verwelken?
Aber besonders wechselseitige Zuneigung
entfaltet die Blumen zu leuchtenden Sternen,
schön wie die Augen von Liebenden.

Wir müssen nach neuen Sinnen streben.
Welche Sinne verbinden die Sterne mit den Menschen?
Sind die Sterne nicht fühlende Geschöpfe wie wir?
Sie sind mächtige Geschöpfe,
die helle und dunkle Akkorde für den Menschen bestimmen.
Dem Rhythmus ihrer Musik muß sich der Mensch fügen
und ihm wie eine Marionette folgen.
Nur wenn das Bilden, Dichten, Musizieren des Menschen
alle Sinne der Natur vereinen will,
entgeht er der Beschränktheit, dem Trotz, dem erlernten Kunst-
stück,
der Angst vor dem Wandel und der Zeit,
der Trägheit, dem grauen Elend.

—

Philibert ou pas Philibert

ce sont les canons de nos conspirateurs
de nos aimables condemifleurs
philibert ou pas philibert
et le blanc plus blanc que la craie
crie de rage et de jalousie
et les projets de pégase
et les boules d'eau blanches
plus blanches que la craie
les cornes de caoutchouc
et les larmes des sphinx en laisse
c'est la bataille philibert
philibert ou pas philibert
et ne fût-ce qu'un coup de fusil
philibert sert les vis de son écrevisse de guerre
vive sa peau et son drapeau
la bataille philibert fait rage
c'est la bataille philibert
car même les trous le disent
des trous et toujours des trous
et dans chaque trou un philibertien desséché
bonhomme-crécelle souricière en os
les mirmidons pleurent
miséricorde et cordon s'il vous plaît
les derniers qui survivent mangent du sable
un ciel immangeable appelle
à table à table

Nuit recachetée

des nuages gris
commencent à fleurir rose

des escargots
écrivent lentement lentement
en rampant
en se traînant
sur le torse
d'un homme
qui ne bouge plus
l'encre
avec laquelle les escargots écrivent
scintille

des do minos
des ré giments
des mi notaures
des fa cétieux
des sol liciteurs
des la pins
des si ciliens
des do minos

des flammes
des faux anges
tombent en cendre

un homme gris
et fini
commande son cercueil
on le lui livre
il l'ouvre
pour se coucher dedans
voici que lui-même
se trouve déjà
dans ce cercueil
sauf qu'il est rose

Des échelles montent des échelles
haut haut toujours plus haut
elles n'ont ni queues ni têtes
elles montent sans cesse
haut haut toujours plus haut
dans l'infini des échelles

l'une est devenue une rose
e l'autre un crachat

il nage en redingote
et haut-de-forme
sa langue
est une feuille verte

c'est la table de chez nous
qui se promène là-bas
c'est notre unique table
depuis toujours elle traîne
un long long boudin immangeable
derrière soi
suivie de l'unique chasseur de chez nous
qui est sans fusil

Couverts de confettis blancs
des chevaux sur un radeau
attendent immobiles
dans une rue
le dégel d'un écho

des cartes blanches
entres les doigts
d'une paire de gants blancs

sur un fond noir
sont suspendus
les portraits
du point et de la virgule

trois fleurs magiques
offrent un diamant nubile
au céleste gant

la piailleuse crache sans arrêt
d'un coté et de l'autre
les arêtes de sa voix
le philosophe gris
ne touche plus à la soupe grise
nuit recachetée
soleil recerclé
un bouquet de grandes griffes
des hommes portant des sacs pleins de tessons

un homme à cheval sur une femme
disparaît dans un tunnel noir
un deuxième homme
à cheval sur une femme
arrive au galop
et annonce à grands cris
sa découverte sensationelle
d'une poudre blanche
qui provoque en plein jour
la nuit totale

des étagères garnies de crânes
en mie de pain
des cascades de parures
un cœur humain en guise d'éponge

Oriflamme oriforme

Mica do
Mica ré
micami
cadran sans rides
et une pierre apprivoisée

pyramides mignardes

dites-lui bien des choses
de ma part

et qu'ainsi de fil en aiguille
les chemises de nuit seront prêtes
pour les tiges articulées
dans lesquelles
nous pendrons
nos petites bombes atomiques

il avait de la chance
de trouver
une oriflamme oriforme
elle dit
dites-leur bien des choses
aussi de ma part
et que nous avons de la chance
d'être infinis
dans l'infini

célestes diadèmes vivants
un monsieur parle haute lisse
des membres supérieurs
s'élèvent et s'éloignent

transfiguration

dites-lui bien des choses
de ma part
et que je paye un franc
pour la pièce de franccordonnier
et pas un sou de plus

Jeter le gant aux vents

que signifie ce mouvement ondulant
de cette majestueuse ville
c'est le départ des maisons
oui les maisons quittent notre ville

qu'avons-nous perdu
la trace des fleurs dans l'azur
qu'avons-nous perdu
nos fleurs de flammes
qui nous berçaient
de rêves suaves
qu'avons-nous perdu
les fleurs rêvantes
les fleurs de clarté intérieure

une tartine de fer
servie gracieusement
au céleste gant

une maison transparente
pour voir mieux
son cœur pur

durant toute sa vie
il erre dans cette indicible vallée grise
en cherchant une issue
de ses longs longs gris cheminements
il retourne de plus en plus gris
durant toute sa vie
il se creuse la tête
sur la cause de sa captivité
dans cette indicible vallée grise
il vieillit et vieillit
et lentement lentement
trouve l'issue
de cette indicible vallée grise
en lui-même

En pierre d'air

Les brebis
ont enfermé
les loups
dans une cage d'air

Ne trouvez-vous pas
que l'homme a l'air
d'un nœud d'air?

Ah ils veulent scier
l'univers en deux
pour voir s'ils y trouvent
des cloches qui sonnent
plus doux que les nôtres

Est-il trop tard
pour allumer des torches?
Faut-il aboyer
trois ou quatre fois?
Où sont les filles d'écumes?
Sont-elles allées
chercher les clefs de chair?
Aimez-vous notre petite terre?
Aimez-vous l'infini sans fond
qui entoure notre petite terre?

Savez-vous faire le vivant?
Savez-vous faire le mort?

Qu'est-ce que c'est que ça?
N'est-ce pas un doigt
qui montre une brebis?
Est-ce le doigt de saint Jean?

des troupeaux
de chaises quadrupèdes
leurs têtes en verre
pleines de larmes

Aimez-vous
les nuages nus
ou
couverts de plumage?

Parlez-vous pigeon?

Va-t-on scier
l'univers
en deux?

Un monsieur en air
qui est le générateur
le père de soi-même
un anti-parterre
en pierres d'air

Seither spaziere ich

Wer bin ich?
Wie sehe ich aus?
Ich möchte so gerne
mir endlich einmal begegnen.
Woher komme ich?
Wohin gehe ich?
Ich möchte so gerne
endlich einmal mit mir sprechen.
Ich habe mich viel zu fragen.
Immer ist es ein Anderer
mit dem ich spreche
und der Eigentliche
der ich bin
ist weit weit fort
im Traumheimatland.
Wo bin ich jetzt?
Bin ich wirklich auf dem Waldweg
der von Grendelbruch
nach der Ruine Girbaden führt
und wo mir lichte Gestalten begegneten?
Seither spaziere ich.
Ja ich war weit fort
in Uschmal und Tschitschenitza.
Wo bin ich jetzt?

Leider nein

Wer bin ich?
Bin ich ein verschollener Kuckuck
der nur für einen kurzen Augenblick
wieder aus der Unendlichkeit treten muß
um kuckuck zu rufen?
Wer bin ich?
Warum hatte ich noch nie die Gelegenheit
mir einmal herzlich
die Hand drücken zu dürfen.
Wer bin ich?
Bin ich ein greulicher Fetzen
der verfluchten bluttriefenden Vaterländerringelreihen?
Bin ich ein Fetzen zerfratztes Fratzenwasser
zerbalgten Überschallbalges
zerflaggten Undinges?
Wer bin ich?
Nein leider kein Günstling
der Undinen.

Die der Blume Erde gleichen

Die Bilderbuchmenschen
lieben die Stille
das Rauschen der Bäume
die Schmetterlinge
die lautlosen Zwiegespräche
mit inneren Stimmen.
Beim geringsten Anzeichen
daß der Siegeslauf des Fortschrittes
sich ihnen nähere
fliehen sie schneller
als die kleinen Vögel vor dem Sperber
unter Mitnahme
des letzten Rappen Fersengeldes.
Die Bilderbuchmenschen
möchten Geschöpfe sein
die der Blume Erde gleichen
die sich träumend
in Licht auflöst.
Schließlich verabschieden sie sich
mit lichten Worten
entflohener Blumen.

Nachwort

CHRISTIAN LUCKSCHEITER

es ist viel und oft versucht worden ihn zu klassifizieren. bis jetzt jedoch gelang
noch nie ein schuß in sein herz. sogar der sogenannte regattenfestversuch verlief
ergebnislos obwohl der okulierte bleivogel des regattentages mit tausend knoten
schnelligkeit in die esse fuhr. dies beunruhige die werften nicht.

(Arp, *Weltwunder*)

Hans Jean Arp hatte mindestens zwei Vornamen. Am 16. September 1886 wurde er als Hans Peter Wilhelm Arp in Straßburg geboren. Womöglich wurde er aber auch in einer Wolke, in einer Pumpe oder in einem Rock geboren (vgl. S. 47). Und vielleicht hieß er gar nicht Hans oder Jean oder etcetera, sondern Antoine. Antoine Arp jedenfalls war an dem hohen Schnitt seiner Augen, der Eleganz seiner Zähne und dem Glanz seiner Haare zu erkennen, wie es *Le jardinier du chateau de minuit* verrät:

„Dans les principales salles, on pouvait voir défiler, les uns derrière les autres, divers personnages et personnalités du nouveau monde littéraire et artistique. Tous les Antoines célèbres passèrent devant les yeux mystérieux: MM. Antoine Duchamp, Antoine Schoenberg, Antoine Matisse, Antoine Picasso, Antoine Picabia, Antoine Braque, Antoine Strawinski, Antoine Brancusi, Antoine Mondrian, Antoine Éluard, Antoine Lipchitz, Antoine Torres Garcia, Antoine Miró, Antoine Masson, Antoine Aragon, Antoine Varèse, Antoine Ernst, Antoine Vitrac, Antoine Léger, Antoine Tzara, Antoine Gleizes, Antoine Breton, Antoine Klee, Antoine Crevel, Antoine Hélion, Antoine Gropius, Antoine Laurens, Antoine Jolas, Antoine Giacometti, Antoine Calder, Antoine Le Corbusier, Antoinette Dreier, Antoine Sima, Antoine Daumal, Antoinette

Doesbourg, Antoinette Taeuber, Antoine Marcoussis, Antoine Kandinsky, Antoine Chagall, Antoine Zervos, et les Antoines des Antoines: Antoine Huidobro et Antoine Arp, que l'on pouvait reconnaître à leurs grands yeux, à leurs dents élégantes, au brillant de leurs cheveux."

Alle diese Antoines scheinen der schönen neuen Welt der Literatur, der Kunst und der Musik anzugehören. Da sie alle denselben Vornamen tragen, ist es nicht möglich, sie zu unterscheiden, wenn man sie gut kennt. („Weil sie denselben Namen trugen, konnte man sie nicht unterscheiden", wusste schon Mrs. Smith in Ionescos *Kahler Sängerin*.) Ihre gesammelten Werke wären nicht mehr zuzuordnen – für Arp, der, nach einem Bonmot Marcel Duchamps, Art ist, eine höchst erfreuliche Vorstellung. In seinem Kampf gegen Eitelkeit, Berühmtheit, gegen Ichsucht und Meisterwerke, gegen „Überheblichkeit und Anmaßung" (vgl. S. 73) sollte konkret künstlerisch Gebildetes keinen Namen tragen, sondern bestenfalls, so Arp in seinem Text *Konkrete Kunst*, „in der großen Werkstatt der Natur anonym sein wie die Wolken, die Berge, die Meere, die Tiere, die Menschen". Weiter schreibt er: „Die Künstler sollten in einer Gemeinschaft arbeiten wie die Künstler des Mittelalters." Das Ideal ist die Anonymität einer Kunst, sei es Literatur, Malerei oder Bildhauerei, die kollektiv erstellt wird. – In der schnöden Realität allerdings bestanden die Künstler, zumindest die männlichen, dann doch auf ihrer Autorschaft, wie Rudolf Suter trocken feststellt – Dada-Arp eingeschlossen. Sie wollten sich einen Namen machen, mit Signatur ausgestellt und gedruckt sehen. Hinsichtlich dadaistischer Kunst war das auch aus anderen Gründen problematisch: „Einer der schlimmsten Fehler der Dadaisten besteht darin, daß sie ihre

Werke, die sich den Anschein geben, als entstünden sie unmittelbar und für die allerwirklichste Gegenwart, drucken lassen", lautet der Vorwurf Brechts. Hinsichtlich dieses Druckens erzählt Arp jedoch noch eine weitere Geschichte: Er habe einen Teil seiner Gedichte „in einer schwer leserlichen Handschrift" geschrieben, „damit der Drucker gezwungen wurde, seine Phantasie spielen zu lassen und beim Entziffern meines Textes dichterisch mitzuwirken. Diese kollektive Arbeit glückte gut. Verbalhornungen (!), Zerformungen entstanden, die mich damals bewegten und ergriffen." So brauchte es für das kollektive Arbeiten also den Druck? Als Einfallstor für Zufall (und Natur)?

Über die Wichtigkeit des Zufalls sowohl für die bildkünstlerischen als auch die literarischen Arbeiten Arps wurde viel spekuliert. Der Zufall, so beispielsweise Harriett Ann Watts, spiele bei Arp „its role as an influence in forming the object. The material is determined by the artist's choice, but the direction of its subsequent forming is subject to the intervention of chance, which opens up new paths which the artist (...) can follow and materialize. (...) Thus the primary role of the accident is to offer suggestions that help determine the forming of the work, a process in which the artist still exercises a high degree of control".[1] Dieser „degree of control" war Arp wichtig; Monika Schmitz-Emans schreibt von einem „zunächst auf Präzision versessenen, akribisch planenden und gestalteten (!) Arp". Das Ergebnis dieser Präzision und des Zufalls wurde von Marcel Jean als „Hochzeit" gefeiert, von Hans Richter, das Psychische ins Spiel bringend, als „Gleichgewicht zwischen Unbewusstem und Bewusstem" gewertet. Dabei ging es, so Schmitz-Emans weiter, „um mehr als

---

1 WATTS, HARRIETT ANN: *Chance. A perspective on Dada.* UMI, Ann Arbor 1975/1980, S. 129.

um einen Bruch mit der Tradition bewußt planender künstlerischer Gestaltung – auf dem Spiel steht das Ich, das seine Position nicht nur innerhalb des künstlerischen Produktionsprozesses, sondern auch in der Welt neu zu bestimmen sucht. (...) der Künstler Arp begriff sich selbst als ein produzierendes Stück Natur, das von deren anderen schöpferischen Kräften *nicht* durch den Abgrund der Reflexion – den Sündenfall des Bewußtseins – getrennt sein wollte."[2]

Wie kann man über Arps Gedichte, die häufig Semantik und Syntax aufbrechen und denen insbesondere der „Klangwert" (Kandinsky) der Worte wichtig ist, schreiben, ohne in den Abgrund der Reflexion zu fallen – und über einen Künstler, der uns, so Antoni Tapiès, die Schönheit des ersten Tages zurückgebracht hat? Man könnte mit der Erwähnung eines absolut tödlichen Gifts beginnen, mit Schwefelwasserstoff, H_2S, „Hazweiss" ausgesprochen. Genau so hieß das „Organ des Pharmazeuten-Vereins in Elsass-Lothringen". In dieser zwischen 1894 und 1924 in Straßburg/Strasbourg erschienenen Zeitschrift veröffentlicht der 16-jährige Arp sein erstes Gedicht, auf Elsässisch (vgl. S. 7) – ein recht angemessener Premierenort für einen späteren Dadaisten, der für seine Sprachspiele und parodistischen, Sprachmuster und Sprichwörter entstellenden Schreibverfahren berühmt ist. Sein nächster Publikationsort ist nicht weniger satirisch: die nur einmal, am 25. April 1903, erschienene Straßburger „Halbmonatsschrift in Gelb" *Der Stänkerer* („Unsere Zeitschrift verficht keinerlei Tendenz, jedoch wird jede mensch-, staat-, künstler-

---

2 SCHMITZ-EMANS, MONIKA: *Poesie als Antimechanik. Zur Modellfunktion des Zufälligen bei Hans Arp*; in: Jahrbuch der deutschen Schillergesellschaft, Jg. 38, 1994, S. 283–310; hier: S. 286 u. 288.

und wissenschaftliche Einrichtung, jede unbequeme Persönlichkeit angestänkert. Daher der Name", so das Editorial.) Hier fällt der immer noch erst 16-jährige Arp (unter Pseudonym, „H. Rab") durch frechste Parodie auf, und zwar eine Parodie auf den „pathetischen Lebens- und Sonnenkult" (Finck/Staiber) des – ebenfalls im *Stänkerer* vertretenen – nur drei Jahre älteren damaligen ‚Shootingstars' der elsässischen Literaturszene, René Schickele. Außer *Frühling* (vgl. S. 8) findet sich hier von Rab ein Dramenfragment: „III. Aufzug, II. Scene aus: ‚Die letzten Sonnenkämpfer'", mit der Regieanweisung: „Hinter der Scene muß viel Wind gemacht werden, der den Samen auf die Bühne schmeißt von roten Julisonnensommersonnenmitternächten." Auf der Bühne „liegt der Hauptsonnensamensommernachtsheld auf einem Pantherfell. Wild wälzt er sich von Morgenwinden, den Geburtswehen der kommenden Sonne, geküßt", um dann von Sonnenblumen erschlagen zu werden. Wurde schon das einzigartige und überraschende Auftreten Schickeles in der elsässischen Literatur um 1900 gerühmt, so ist Arps Auftreten noch einzigartiger und überraschender zu nennen – „une étonnante indépendance d'esprit et une grande liberté de jugement chez ce tout jeune homme", staunt Aimée Bleikasten. Diese Unabhängigkeit und Freiheit wusste Arp sich meistens beizubehalten.

Womöglich war er ein nabelloser Mensch; und vielleicht gibt es deshalb diese berühmte Photographie, auf der Arp auf seinen Nabel zeigt; als ob er beweisen wollte, dass auch er geboren wurde – wenn auch in einer Wolke. „In seiner detachierten Weise war er eine Welt in sich selbst, aufgehängt zwischen Intensität und Meditation", erinnert sich Richter. Einmal erwähnt Arp einen Rohrwurm, der auf dem Meeresboden in selbstgebauten Röhren lebt. Vielleicht war Arp auch so ein Rohrwurm. Jeder noch so feindlichen Umwelt stellt er unbeirrt seine Welt gegenüber. Frei und unabhängig, wie er zumindest im Denken war – in den Wirren des Alltags scheint er auf Hilfe seiner Frauen Sophie Taeuber und Marguerite Hagenbach stärker angewiesen gewesen zu sein –, war auch seine Kunst. Arp schuf mit seinen Bildern, Skulpturen und Gedichten eigene Wirklichkeiten, eigene Welten, die, analog zur Natur, für sich bestehen.

Das scheinbar leicht über den irdischen Dingen Schwebende half Arp dabei, mit seiner Herkunft aus der elsässischen Doppel- bzw. Tripelkultur besser zurechtzukommen als viele andere. Jedenfalls scheint er unter der vielbeschriebenen elsässischen Zerrissenheit zwischen Deutschland und Frankreich weniger gelitten zu haben als beispielsweise Schickele. Im Gegenteil, Arp nutzte die Dreisprachigkeit und Zugehörigkeit zu beiden Nationen, um Grenzen zu überwinden. Bei aller Unklarheit im Hinblick auf mögliche Übersetzungen seiner Gedichte ins Französische durch andere, ist er einer der wenigen Schriftsteller, die ein gleichwertiges zweisprachiges Werk hinterlassen haben, zumindest ab seiner Zeit in Paris Mitte der 1920er Jahre (1926 erhielt er die französische Staatsbürgerschaft). Er war „extremely well placed to collaborate in both creative capacities with fellow poets and artists from both sides of the Franco-German border", wie Eric Robertson es formuliert.

Arps Vater Jürgen Peter Wilhelm Arp, 1853 in Kiel geboren, kam nach dem Deutsch-Französischen Krieg ins Elsass und heiratete 1880 Marie-Joséphine Koeberlé, die aus einer ‚alteingesessenen' elsässischen Familie stammte. Sie hatte erst 1871 damit begonnen, Deutsch zu lernen. Zuhause sprachen die Arps die meiste Zeit Französisch, Hans redete in der Schule Deutsch, auf der Straße, mit den Freunden, Elsässisch, und bis an sein Lebensende unterhielt Arp sich immer wieder auf Elsässisch, auch in Paris. Die Kultur und Literatur beider Nationen prägten seinen Bildraum, insbesondere die deutschen Romantiker und die französischen Symbolisten.

Aber ganz so leicht dürfte es auch für ihn als Elsässer nicht gewesen sein. In einem Interview in den 1960er Jahren sagt er zurückblickend: „Ich wusste nie, wohin ich als Elsässer gehörte; ich habe das immer als sehr schmerzlich empfunden". Von seinem Freund Max Ernst ist die „Legende" überliefert, dass Arp kurz vor Ausbruch des Ersten Weltkriegs mit dem letzten Zug nach Paris abgehauen sei, und diese Legende „will, daß der Zug in dem Augenblick über die Grenze fuhr, als diese geschlossen wurde, und zwar genau unter dem Abteil, wo Arp saß, daher seine gesplissene Persönlichkeit". In Arps Text *La cigogne enchaînée* („Der in Ketten gelegte Storch") tritt der „polyglotte blessé" auf. Der verletzte Mehrsprachige verteilt seine Wunden auf beide Sprachen: „Was mich betrifft, so habe ich entschieden, die Bücher in deutscher Sprache unter dem Namen ‚Hans' und diejenigen auf Französisch unter dem Namen ‚Jean' herauszugeben. Die zweisprachige Natur des Elsässers hat seine Vor- und Nachteile."

An *L'étoile bottée* (vgl. S. 28) hat Juliane Dülpers Arps Umgang mit Mehrsprachigkeit veranschaulicht. *L'étoile bottée* ist die Übersetzung des ersten Gedichts des Zyklus *Die gestiefelten Sterne* (vgl. S. 25), das Arp 1949 ins Französische übersetzt. Ziel des Gedichts, so Dülpers, sei vor allem, „die deutsche mit der französischen Sprache zu amalgamieren. Arp übernimmt in die deutsche Fassung Wortspiele, die nur im Französischen einen Sinn machen und vice versa. Für Arp steht somit im Vordergrund, daß Deutsch und Französisch, vom Standpunkt des Sprachspiels her gesehen, gleichermaßen relevant sind." Er setzt ein Wort-

spiel mit französischen Elementen („durch den pisseminuit ...")
in die deutsche Fassung und die deutsche Interjektion „papperlapapp" in die französische. Für den Purzelbaum aus der deutschen Fassung, der auf Französisch „culbute" hieße, setzt Arp
den „hérable".

„In der französischen Variante verfährt der Dichter nach einem
vergleichbaren Prinzip, indem er den Vorstellungsbereich ,Baum'
zu erhalten versucht. Um das Wortspiel zu akzentuieren, ist er
jedoch im Französischen dazu genötigt, sich der Epiphora statt
der Alliteration zu bedienen. In Analogie zu ,hérésie' bildet er,
um auch optisch die rhetorische Figur herzustellen, statt ,érable'
(Ahorn) das Substantiv ,hérable', das dann dieselben Verbindun-
gen wie ,Purzel' eingehen kann (...). Folglich hat das deutsche
Wortspiel bei der Übertragung ins Französische den botanischen
Bereich nicht verlassen, auch wenn dabei gegen die etymologi-
sche Richtigkeit verstoßen werden mußte. Im Vordergrund steht,
daß der Vorstellungsbereich, den das Wortspiel im Original be-
rührt, in der anderen Sprache bewahrt bleibt. Die Bilder oder
Assoziationen, die Hans Arp vermitteln will, sollen in beiden
Sprachen möglichst kongruent sein. Die französische Fassung
ist aus diesem Grunde nicht als wortwörtliche Übersetzung der
deutschen zu bewerten, sondern stellt vielmehr eine kongeniale
Nachdichtung dar."[3]

Bevor Arps Gedichte zweisprachig wurden, tobte er sich zunächst
in der deutschen Sprache aus – und half Dada in Zürich mit auf

3 DÜLPERS, JULIANE: *Voulez-vous voler avec moi? Eine Studie zur französischsprachigen
Dichtung Hans Arps.* Peter Lang, Frankfurt/M. 1997, S. 39.

die Welt. Dabei hatte seine Vorstellung von Kunst unmittelbar mit den Verwerfungen des Ersten Weltkriegs zu tun. Dada kann mit Mady Meunier als „réponse catégorique à la guerre (...) et à tout ce dont scandaleusement elle se vêt, la raison, la culture" verstanden werden. „Ce qui (...) fonde Dada pour Arp, c'est d'être, au principe même, l'écho immédiat et exact à la faillite de toutes les valeurs qui éclate au spectacle du front." Das satirische und subversive Genie Arps findet in seinen dadaistischen Gedichten virtuos Ausdruck. „Arp took an evident pleasure in undermining, satirising and corrupting the facts and figures that those in power use in order to rationalise and make sense of the world" (Robertson).

In seinen gegen bürgerliche Wertvorstellungen und ihre Ästhetiken, gegen die Zerstörungskräfte des Rationalismus gerichteten, Traum und Zufall idealisierenden Arbeiten gibt es neben der vielberufenen humoristischen Seite – gern wurde Arp auch verharmlosend als „Schalk" bezeichnet – eine melancholische, die nicht zuletzt durch den Tod seiner Mutter 1929 und insbesondere nach dem Tod seiner ersten Frau Sophie Taeuber zunehmend unverhohlen durchbricht. Taeuber und Arp hatten sich 1915 in Zürich kennengelernt, 1922 geheiratet und künstlerisch intensiv zusammengearbeitet. Sie starb am 13. Januar 1943 an einer Kohlenmonoxidvergiftung. Über ihren Tod kam Arp kaum hinweg. Dem „zu Tode Getroffenen stürzt die Welt ein" (Arp). In den letzten zwei Jahrzehnten seines Lebens widmete er ihr mehrere Texte. Außerdem übte er radikale Zivilisationskritik, attackierte er das Zeitalter der Technik und die Menschen, die ihm dienen. Arp, Pazifist, stellte dem Atombomben-Phallus der „Überrunder" (den „hommes atomiques", „mécaniques", „spoutniks") neben „antimechanischen", zweckfreien Maschinen („riesenkränen" beispielsweise, die „lautlos trillernde lerchen in den himmel" winden) die Kathedralen von Chartres und Autun und das Straßburger Münster der „Überträumer" (vgl. S. 81) entgegen. Wahrscheinlich schoss er sich nie kunstgerecht mit seinen vier Kanonen Quadrate ins Geschlecht – seine Munition war der Frieden: „paixpaixpaix" lautet die Salve, die Arp in *La bataille Philibert* auf alles Kriegerische abfeuert. Er setzte auf die Natur („ich pumpe natur"), ging von der Beseeltheit aller Dinge aus, glaubte an Engel. Und Wolken. Und Wolkenengel. Wie die Schwalben. „Les hirondelles / croient aux anges de nuages." Womöglich wäre Arp selbst gern eine Schwalbe gewesen; eine Schwalbe, die ganz allein einen Sommer macht.

Er starb am 7. Juni 1966 in Basel an einem Herzinfarkt. Es heißt, er habe noch auf dem Krankenhausbett an seinen Gedichten geschrieben.

Literaturhinweise

ARP (HANS/JEAN): *On my way: poetry and essays 1912–1947*. Hrsg. v. Robert Motherwell. Wittenborn, Schultz, New York 1948.

ARP, HANS: *Unsern täglichen Traum … Erinnerungen und Dichtungen aus den Jahren 1914–1954*. Verlag der Arche, Zürich 1955.

ARP, HANS/VICENTE HUIDOBRO: *Drei und drei surreale Geschichten*. Gerhardt, Berlin 1963.

SCHEIDEGGER, ERNST (HG.): *zweiklang. sophie taeuber-arp, hans arp. Zeichnungen Photos Gedichte. Dessins Photos Poèmes*. Peter Schifferli, Verlag der Arche, Zürich 1960.

Arp 1886–1966. Konzeption: Jane Hancock, Stefanie Poley. Hatje, o. O. [Stuttgart] 1986.

BLEIKASTEN, AIMÉE: *Arp en Alsace*; in: Recherches germaniques, 2, 1972, S. 145–166.

BLEIKASTEN, AIMÉE (HG.): *Arp, poète, plasticien*. Actes du colloque de Strasbourg, Septembre 1986. L'Age d'Homme, Strasbourg 1987 (= Mélusine. Cahiers du Centre de recherche sur le surréalisme, Nr. IX).

DÖHL, REINHARD: *Das literarische Werk Hans Arps 1903–1930. Zur poetischen Vorstellungswelt des Dadaismus*. Metzler, Stuttgart 1967.

DÜLPERS, JULIANE: *Voulez-vous voler avec moi? Eine Studie zur französischsprachigen Dichtung Hans Arps*. Peter Lang, Frankfurt/M. 1997.

FINCK, ADRIEN/MARYSE STAIBER: *René Schickele und Hans Arp oder die „Schelmenzunft"*; in: dies./Alexander Ritter (Hg.): René Schickele aus neuer Sicht. Beiträge zur deutsch-französischen Kultur. Georg Olms, Hildesheim u. a. 1991 (Auslandsdeutsche Literatur der Gegenwart; 24), S. 215–228.

GELLHAUS, AXEL: *Naivität und Ironie. Probleme und Ansatzpunkte für eine literaturwissenschaftliche Auseinandersetzung mit Hans Arp*; in: text + kritik. Zeitschrift für Literatur, Heft 92: Hans/Jean Arp. München 1986, S. 8–15.

GIEDION-WELCKER, CAROLA: *Hans Arp*. Gerd Hatje, Stuttgart 1957.

GIEDION-WELCKER, CAROLA: *Poètes à l'écart: Anthologie der Abseitigen.* Benteli, Bern-Bümpliz 1946.

Hans/Jean Arp. text + kritik. Zeitschrift für Literatur, Heft 92. München 1986.

JEAN, MARCEL: *Préface*; in: Jean Arp: Jours effeuillés: poèmes, essais, souvenirs, 1920–1965. Gallimard, Paris 1966, S. 7–26.

LEIRIS, MICHEL: *Ausstellung Hans Arp*; in: Hubertus Gaßner (Hg.): Elan vital oder Das Auge des Eros. Haus der Kunst München und VG Bild-Kunst, Bonn, München o. J., S. 479.

LIEDE, ALFRED: *Hans Arp und der Tod*; in: ders.: *Dichtung als Spiel. Studien zur Unsinnspoesie an den Grenzen der Sprache.* Bd. 1. De Gruyter, Berlin 1963, S. 365–399.

LISCHEID, THOMAS: *Minotaurus im Zeitkristall: die Dichtung Hans Arps und die Malerei des Pariser Surrealismus.* transcript, Bielefeld 2012.

LISCHEID, THOMAS: *Hans Arp: die wolkenpumpe (1920)*; in: Hermann Gätje/Sikander Singh (Hg.): Übergänge, Brüche, Annäherungen: Beiträge zur Geschichte der Literatur im Saarland, in Lothringen, im Elsass, in Luxemburg und Belgien. universaar, Saarbrücken 2015, S. 133–160.

MAREUGE, AGATHE: *L'œuvre poétique tardive de Jean Hans Arp.* Les presses du réel, Dijon 2017.

RICHTER, HANS: *Dada-Profile. Erinnerungen. Mit Zeichnungen, Photos und Dokumenten.* Peter Schifferli Verlags AG „Die Arche", Zürich 1961.

RIHA, KARL: ‚*Zweite Fassungen'. Zu Text-Modifikationen in der Lyrik Hans Arps*; in: text + kritik. Zeitschrift für Literatur, Heft 92: *Hans/Jean Arp.* München 1986, S. 81–88.

ROBERTSON, ERIC: *Arp: painter, poet, sculptor.* Yale UP, New Haven u. London 2006.

SCHÄFER, JÖRGEN: *Dada Köln. Max Ernst, Hans Arp, Johannes Theodor Baargeld und ihre literarischen Zeitschriften.* DUV, Wiesbaden 2012.

SCHMITZ-EMANS, MONIKA: *Poesie als Antimechanik. Zur Modellfunktion des Zufälligen bei Hans Arp*; in: Jahrbuch der deutschen Schillergesellschaft, Jg. 38, 1994, S. 283–310.

SCHRAMM, UWE: *Der Raumbegriff bei Hans Arp.* Lit, Münster u. Hamburg 1995.

SUTER, RUDOLF: *Hans Arp: Weltbild und Kunstauffassung im Spätwerk*. Peter Lang, Bern u. a. 2007.

SUTER, RUDOLF: *Hans Arp. Das Lob der Unvernunft. Eine Biografie.* Scheidegger & Spiess, Zürich 2016.

USINGER, FRITZ: *Die dichterische Welt Hans Arps*. Mainz 1965 (= Akademie der Wissenschaften und der Literatur. Abhandlungen der Klasse der Literatur, Jg. 1965, Nr. 3).

WATTS, HARRIETT ANN: *Chance. A perspective on Dada*. UMI, Ann Arbor 1975/1980.

WINKELMANN, JUDITH: *Abstraktion als stilbildendes Prinzip in der Lyrik Hans Arps und Kurt Schwitters*. Peter Lang, Frankfurt/M. 1995.

ZANETTI, SANDRO: *Selbstherausgaben. Autoren als Editoren ihres Lebenswerks*; in: Jochen Golz/Manfred Koltes (Hg.): Autoren und Redaktoren als Editoren. Internationale Fachtagung der Arbeitsgemeinschaft für germanistische Edition und des Sonderforschungsbereichs 482 ‚Ereignis Weimar – Jena: Kultur um 1800' der Friedrich-Schiller-Universität Jena, veranstaltet von der Klassik Stiftung Weimar. Max Niemeyer, Tübingen 2008, S. 369–376.

ZUCH, RAINER: *Die Surrealisten und C. G. Jung. Studien zur Rezeption der analytischen Psychologie im Surrealismus am Beispiel von Max Ernst, Victor Brauner und Hans Arp*. VDG, Weimar 2004.

Zu dieser Ausgabe

Diese Auswahl von Gedichten Hans Jean Arps ist der dritte Band einer Reihe mit Texten elsässischer Schriftsteller. Im Unterschied zu den vorangehenden Bänden – Auswahlen aus dem Gesamtwerk René Schickeles und Ernst Stadlers – ist dieser Band eine reine Gedichtauswahl. Arp hat zwar ebenfalls Prosatexte und Essays verfasst, selbstverständlich auch Briefe geschrieben, jedoch gibt es keine Gesamtausgabe seiner Schriften, geschweige denn eine kritische oder gar historisch-kritische. Axel Gellhaus hat bereits 1986 festgestellt, dass „von einer nach Maßstäben der ‚seriösen‘ Literaturwissenschaft verläßlichen Werkausgabe (...) vorderhand nicht die Rede sein" könne. Das hat sich seither nicht geändert. Die von Aimée Bleikasten ebenfalls schon 1982 angekündigten Ausgaben der Gedichte aus dem Nachlass, der Prosatexte und der Briefe Hans Jean Arps sind – aus welchen Gründen auch immer – nach wie vor nicht erschienen. Das Urteil von Gellhaus hinsichtlich der problematischen editorischen Grundlage jeder Beschäftigung mit Arps Texten ist auch auf diejenigen Ausgaben gemünzt, denen die Gedichte dieser Auswahl entnommen sind (vgl. *Textnachweise*). Arp hat zudem seine Gedichte immer wieder umgeschrieben, variiert, verändert, zum Teil mit neuen Titeln versehen, Teile von Gedichten in andere Gedichte aufgenommen oder derart erweitert, dass neue Gedichte entstanden sind. Bei manchen Gedichten liegen Fassungen in deutscher und französischer Sprache vor, nicht immer von Arp übersetzt. Eine genaue Datierung der Gedichte ist daher nur bedingt möglich, auch aufgrund fehlender oder nicht immer zuverlässiger Datierungen seitens Arp.

Trotz dieser enormen Schwierigkeit der zeitlichen Zuordnung der Gedichte versucht diese Auswahl, die Abfolge der Gedichte – mit Hilfe der von Aimée Bleikasten erstellten und herausgegebenen zweibändigen Bibliographie[1] – chronologisch zu präsentieren, es sei denn, die deutsche und die französische Fassung haben direkt miteinander zu tun. Die Auswahl folgt ansonsten der Anordnung der in den Textnachweisen angeführten Ausgaben.

1 AIMÉE BLEIKASTEN: *Arp bibliographie. Volume I: Écrits/Dichtung.* London 1981; und dies.: *Arp bibliographie. Volume II: Critique/Kritik.* London 1983.

Textnachweise

Werum denn hile, Herzele?
Hazweiess, X, 123, März/April 1903, wiederabgedruckt u. a. in Aimée Bleikasten:
Arp en Alsace; in: Recherches germaniques, 2, 1972, S. 145–166, S. 150.

Frühling
Der Stänkerer. Halbmonatsschrift in Gelb. 1. Jg., Nr. 1, 2 und 3
(dreifache Nummer), 25. April 1903, S. 9 f.

weh unser guter kaspar ist tot …
Anthologie Dada (Zürich), 4/5, Mai 1919, S. 20, wiederabgedruckt u. a. in: Eric
Robertson: *Arp: painter, poet, sculptor*. Yale UP, New Haven u. London 2006, S. 27.

Alle anderen deutschsprachigen Gedichte sind der dreibändigen Ausgabe
der gesammelten Gedichte Hans Arps entnommen:

die Gedichte von *die nachtvögel tragen brennende laternen …*
bis *das lied des roten* dem ersten Band:

HANS ARP: *Gesammelte Gedichte*. Bd. 1: Gedichte 1903–1939.
In Zusammenarbeit mit dem Autor hrsg. v. Marguerite Arp-Hagenbach
und Peter Schifferli. Peter Schifferli Verlags AG „Die Arche", Zürich,
und Limes Verlag, Wiesbaden, 1963;

die Gedichte von *Die graue Zeit* bis *Menschen* dem zweiten Band:

HANS ARP: *Gesammelte Gedichte*. Bd. 2: Gedichte 1939–1957. Peter Schifferli
Verlags AG „Die Arche", Zürich, und Limes Verlag, Wiesbaden, 1974;

und die Gedichte von *Ihre ausgezeichnete Herzlosigkeit* bis
Die der Blume Erde gleichen … dem dritten Band:

HANS ARP: *Gesammelte Gedichte*. Bd. 3: Gedichte 1957–1966.
Hrsg. v. Aimée Bleikasten. Verlags-AG Die Arche, Zürich, und Limes Verlag
Niedermayer und Schlüter GmbH, Wiesbaden und München, 1984.

© für die deutschsprachigen Gedichte: Stiftung Arp e. V., Berlin/Rolandswerth.

Die französischsprachigen Gedichte sind folgender Ausgabe entnommen:

JEAN ARP: *Jours effeuillés: poèmes, essais, souvenirs, 1920–1965*.
Gallimard, Paris 1966.

© Éditions Gallimard

Wir danken Dr. Maike Steinkamp und der Stiftung Arp e.V.,
Berlin/Rolandswerth für die Unterstützung dieser Ausgabe.

Bildnachweis Stiftung Arp e.V., Berlin/Rolandswerth

Copyright © mdv Mitteldeutscher Verlag GmbH, Halle (Saale)
www.mitteldeutscherverlag.de

Gesamtgestaltung und Satz Stefanie Bader, Leipzig

Printed in the European Union
ISBN 978-3-95462-998-5 (Buchhandelsausgabe)

=